Polish Phrase Book

Over 1000 Essential Polish Phrases That Will Be Helpful During Your Trip to Poland

Contents

Introduction to the Polish Language

If you are reading this, you have probably made an important, life-changing decision to learn a foreign language. If you are either a native or non-native English speaker, it does not matter—since speaking more than one foreign language is becoming the standard. Apart from advanced or proficient knowledge of English, which is a *lingua franca* nowadays, learning another, especially niche, language may be beneficial. Therefore, your decision to learn Polish will definitely pay off—provided you stay on track. Whatever your motivation is, we will try our best to make your journey enjoyable, fun and challenging.

There have been many changes in teaching and learning foreign languages throughout the centuries, and what is more, each method has been focused on different aspects of a given language. For example, in the fifteenth century, foreign language learners were to master grammar rules in order to produce ideal literary texts. In the 1950s, a great deal of stress was put on repetition and memorization, so students often had to learn long dialogs and language patterns by heart, instead of staying creative. Finally, studies in first and second language acquisition influenced the way of teaching and learning foreign languages across the globe. Today, we know that mastering and integrating language skills (such as reading, listening, writing, speaking) is the fastest and the most efficient way to become proficient. Moreover, introducing new grammar and vocabulary items based on real context is vital. Therefore, this book will teach you the basics of the Polish language, using the most contemporary and most effective methods.

Polish is certainly not one of the most spoken languages in the world—since it is the official language of Poland exclusively. It has around 38 million speakers in Poland, but many immigrants in countries such as the USA, UK, Germany, Norway or Ireland are Polish. The Polish Community Abroad includes, for example, more than one million Poles in the UK and nearly one million in the States. What is also interesting is that many Americans are of Polish origin, due to the mass emigration caused by the difficult political situation in Poland in the eighteenth and nineteenth centuries.

Many native speakers of English consider Polish (along with Chinese, Arabic, and Japanese) as one of the hardest languages to learn, due to its heavy inflectional system and, probably, pronunciation. It may be partially true; however, the beginning is always the toughest part of any language journey. The more you practice, the more automatic your grammar use will become, and the more familiar Polish sounds will become. Besides, speaking one of the hardest languages in the world is quite an achievement. Before immersing yourself in learning, look at a few notes on what you are about to get your hands, brain, and heart on:

Poland has been considered a country since 966 AD (the moment of declaring Christianity as an official religion in Poland), so it is not a "young" country. Despite the strong influence of Latin in the Middle Ages, Poland has managed to preserve its original Slavic language, yet Polish contains many words of Latin etymology. What is noteworthy is that many Polish medieval literary texts are written in the original language, according to the famous quote of Mikołaj Rej—one of the Polish writers:

"Among other nations let it always be known

That the Poles are not geese, have a tongue of their own."

Indeed, Poland has had many brilliant authors, including three Noble laureates (Henryk Sienkiewicz, Czesław Miłosz, and Wisława Szymborska). Furthermore, Joseph Conrad is of Polish origin (his actual name is Józef Teodor Konrad Korzeniowski).

Did You Know That…?

- Polish is a highly inflectional language. It has seven cases, and each of them requires using different suffixes. Many native speakers of English consider this feature as one of the most difficult to acquire.

- Unlike English, Polish has "free" word order. Although there are some popular and generally accepted patterns, we can place words in a simple sentence nearly randomly, and it will be grammatically correct.

- Polish has only three grammatical tenses (present, past, and future). The choice of tenses is very different from that of the English language. In fact, Polish native speakers have many problems with acquiring English tenses.

- Because of the influence of the inflectional system, Polish people add inflections to foreign names. For instance, you can notice different suffixes added to Harry Potter or Spiderman in different cases.

- All Polish women's first names end with the vowel "a", except for the ones with foreign origin.

- Polish shares many grammatical and lexical features with the other Slavic languages, such as Czech or Slovak.

- Unlike English, Polish has grammatical genders (masculine, feminine, and neutral). It means that gender does not correspond with the actual sex. For example, the word *table* in Polish is masculine, and the word *book* is feminine.

As mentioned earlier, Polish is rather a tough language for English speakers, as far as pronunciation is concerned. This is because it contains many complex consonant clusters (such as szcz, dżdż), and what is more, each consonant and vowel should be pronounced. Despite the processes of devoicing and softening that make pronunciation a little bit easier, there is still a great deal of difficulty for English speakers.

Taking into account the reasons above and the ones yet for you to discover, your journey seems to be challenging yet rewarding. Polish is one of the most interesting Slavic languages since it is a blend of Slavic pronunciation (intended rather for the Cyrillic script) and the Roman alphabet. Due to many differences, the rich inflections in Polish will often leave you confused, but at the end of the day, you will be delighted with the process of learning such a different language. Along with learning the language, you will also discover the Polish culture—very close yet a completely different world.

To Begin With...

Knowing some basic differences between your mother tongue and your target language is vital. Thus, before diving straight into the actual learning, let's take a closer look at some features that can be quickly noticed from the very beginning of your journey.

Use of Formal/Informal

As you probably know, English speakers do not have many opportunities, as far as using formal forms of address is concerned. In Polish, however, formality is of great importance. The biggest difference between these languages can be observed in situations that require using the second person singular or plural (*you*). When addressing somebody that is not a friend or relative, Polish speakers use *Pan/Pani* instead of *you* (*Pan* is for men, and *Pani* is for women).

For example, "Could *you* tell me what time it is?" would be "Czy mógłby *Pan* mi powiedzieć która jest godzina?" or "Czy mogłaby *Pani* powiedzieć mi która jest godzina?" What is more, the second person plural involves using a different formal form so that the above sentence would look like this: "Czy mogliby *Państwo* powiedzieć mi która jest godzina?" Interestingly, if you have known someone for a while in Poland, you can suggest "*przejście na ty*" which literally means "*switching to you [form]*".

Use of Masculine/Feminine

As mentioned, the Polish language differs from English significantly in the field of gender, since Polish masculine, feminine or neuter do not correspond with the actual sex. To be more precise, the Polish language has grammatical gender, whereas English has biological gender. What is even more interesting is that Polish speakers use masculine or feminine often when talking about inanimate objects such as pieces of furniture or fruit.

For example, the Polish word *banan* [banana] is masculine, the word *truskawka* [strawberry] is feminine, and the word *mango* [mango] is neutral. Indeed, as presented above, a category has nothing to do with the actual gender, which is one of the most difficult concepts to grasp by non-native Polish language learners.

Use of Singular/Plural

As far as the grammatical number is concerned, Polish singular or plural are usually formed with different endings that correspond with gender. In the Polish plural form, there are only two genders— masculine and non-masculine. By comparison, English plural involves the ending -s with only a few exceptions, whereas Polish plural involves endings such as -y, -i, -e, or -a. To make matters worse, the usage of these endings is not determined by any rules.

For example, the word *dom* [house] is masculine, yet it is an object. Then its plural form *domy* [houses] involves the ending -y. The word *mężczyzna* [man] is masculine and refers to a person. Its plural form *mężczyźni* [men] ends with -i. As you can see, there are more popular patterns, yet no clear principles can be distinguished as far as endings are concerned.

Nouns and Polish Cases

Unfortunately, there are seven (yes, seven!) cases in the Polish language, and they all require using different endings attached to a particular noun. English speakers usually consider a variety of cases as one of the most difficult concepts. In fact, it is not only English non-natives that face many problems while acquiring this concept— since all these problematic suffixes that form Polish cases are hard to remember. However, before being too hard on yourself, please note that using a wrong case does not significantly affect communication. Although mastering the rules can be worthwhile, aiming at perfection can be daunting, especially at the beginning of your journey. Remember: if you apply a wrong suffix, your message will be 99 percent understandable anyway.

Let's take a closer look at the words *książka* [book] and *komputer* [computer] to get familiar with the concept of Polish cases:

Nominative – ksią<u>żka</u>

Genitive – ksią<u>żki</u>

Dative – ksią<u>żce</u>

Accusative – ksią<u>żkę</u>

Ablative – (z) ksią<u>żką</u>

Locative – (o) ksią<u>żce</u>

Vocative – ksią<u>żko!</u>

Nominative – komput<u>er</u>

Genitive – komput<u>era</u>

Dative – komput<u>erowi</u>

Accusative – komput<u>er</u>

Ablative – (z) komput*erem*

Locative – (o) komput*erze*

Vocative – komput*erze*!

As you can see, some of the endings look similar, yet no clear rules can be applied as far as the suffixes are concerned. Some of the Polish loanwords (for example *kakao* [cacao], *logo* [logo] or *wideo* [video]) are not to be declined by case and stay in the same form, yet they constitute only a small percentage of the Polish lexicon. It is advisable to learn the cases gradually, in context, and by using associations. If you try to learn all variations of the same word by heart, you will find yourself overwhelmed sooner or later—so don't worry.

Countable and Uncountable Nouns

While the concept of uncountable nouns is a standard in English, it is not that popular in Polish. To be more precise, Polish speakers do not distinguish countable and uncountable things; they apply the singular or plural rather intuitively. Nouns that are uncountable in English (such as information, advice or furniture) can be singular or plural in Polish. Let's take a look at some examples:

"Czy możesz dać mi te informacje?" can be literally translated as "Could you give me these informations?"

"Co oznacza ta informacja?" can be literally translated as "What does this information mean?"

"Czy możesz udzielić mi porady?" can be translated as "Could you give me any advice?"

"Nie chcę twoich rad!" can be literally translated as "I don't want your advices!"

"Jeśli idziesz do sklepu, kup trzy mleka" can be literally translated as "If you go to the grocery store, buy three milks." [you don't have to say *cartons/bottles of milk*, just *milks*]

"Piję kawę z mlekiem" can be translated as "I drink coffee with milk."

"Ten mebel nie podoba mi się" can be translated as "I don't like this furniture."

"Te meble nie podobają mi się" can be literally translated as "I don't like these furnitures." [you don't have to say *pieces of furniture*, just *furnitures*].

Looking at the examples above, you can easily notice that some English uncountable nouns can be pluralized in Polish. Interestingly, Polish speakers have some difficulties with learning uncountable nouns; they very often make mistakes such as *informations, advices, furnitures* or *moneys*.

Proper Nouns

In Polish, proper nouns are also influenced by heavy declension. To be more precise, almost all proper names correspond with gender, number, and case. For instance, some countries (such as *Egipt* [Egypt], *Izrael* [Israel] or *Meksyk* [Mexico]) are masculine, some are feminine (*Kanada* [Canada], *Wielka Brytania* [Great Britain], *Francja* [France]), some are neutral (*Kongo* [Congo], *Chile* [Chile], *Fidżi* [Fiji]), and some are always plural (*Niemcy* [Germany], *Włochy* [Italy], *Stany Zjednoczone* [the United States]). What is even more interesting is that all proper nouns are subordinate to all seven cases, so this means that they can appear with different inflectional endings.

Let's look at one country from each gender category:

Meksyk [Mexico] – masculine noun

Nominative – Meksyk (Meksyk jest pięknym krajem. – Mexico is a beautiful country.)

Genitive – Meksyku (Na mojej mapie nie ma Meksyku. – There's no Mexico on my map.)

Dative – Meksykowi (Przyglądam się pięknemu Meksykowi. – I am looking at beautiful Mexico.)

Accusative – Meksyk (Widzę Meksyk na horyzoncie. – I'm seeing Mexico on the horizon.)

Ablative – (z) Meksykiem (Wraz z Meksykiem, USA leżą w Ameryce Północnej. – Along with Mexico, USA is located in North America.)

Locative – (o) Meksyku (Cały czas myślę o Meksyku. – I'm thinking about Mexico all the time.)

Vocative – Meksyku! (Meksyku, moja ojczyzno! – Mexico, my homeland!)

Francja [France] – feminine noun

Nominative – Francja

Genitive – Francji

Dative – Francji

Accusative – Francję

Ablative – (z) Francją

Locative – (o) Francji

Vocative – Francjo!

Włochy [Italy] – plural noun

Nominative – Włochy

Genitive – Włoch

Dative – Włochom

Accusative – Włochy

Ablative – (z) Włochami

Locative – (o) Włoszech

Vocative – Włochy!

Kongo [Congo] – neutral noun

Nominative – Kongo

Genitive – Konga

Dative – Kongu

Accusative – Kongo

Ablative – (z) Kongiem

Locative – (o) Kongu

Vocative – Kongo!

The cases do not influence some of the proper names (such as Fidżi, Chile). This means that they do not change form and do not require different endings.

Polish Verbs

Verbs in the Polish language are a quite complex phenomenon since different groups require different declensions. This means no one universal pattern could apply to all verbs. Polish verbs correspond with **gender, number, and person**. To show how they work, let's analyze the present forms of *iść* [to go], *mieć* [to have], *być* [to be].

iść [to go]

Ja [I] – idę

Ty [you] – idziesz

On [he] – idzie

Ona [she] – idzie

Ono [it] – idzie

My [we] – idziemy

Wy [you] – idziecie

Oni [they masc.] – idą

One [they fem.] – idą

mieć [to have]

Ja [I] – mam

Ty [you] – masz

On [he] – ma

Ona [she] – ma

Ono [it] – ma

My [we] – mamy

Wy [you] – macie

Oni [they masc.] – mają

One [they fem.] – mają

być [to be]

Ja [I] – jestem

Ty [you] – jesteś

On [he] – jest

Ona [she] – jest

Ono [it] – jest

My [we] – jesteśmy

Wy [you] – jesteście

Oni [they masc.] – są

One [they fem.] – są

Polish contains only two aspects—**perfective** (that indicates completed action) and **imperfective** (that indicates uncompleted action). It is important to note that both aspects do not refer to the past only. You can apply the perfective or imperfective to the future as well.

Let's look at the verb *robić* [do] in the past form:

robić [to do] – imperfective

Ja [I] – robiłem (m.) / robiłam (f.)

Ty [you] – robiłeś (m.) / robiłaś (f.)

On [he] – robił

Ona [she] – robiła

Ono [it] – robiło

My [we] – robiliśmy (m.) / robiłyśmy (f.)

Wy [you] – robiliście (m.) / robiłyście (f.)

Oni [they masc.] – robili

One [they fem.] – robiły

robić [to do] – perfective

Ja [I] – zrobiłem (m.) / zrobiłam (f.)

Ty [you] – zrobiłeś (m.) / zrobiłaś (f.)

On [he] – zrobił

Ona [she] – zrobiła

Ono [it] – zrobiło

My [we] – zrobiliśmy (m.) / zrobiłyśmy (f.)

Wy [you] – zrobiliście (m.) / zrobiłyście (f.)

Oni [they masc.] – zrobili

One [they fem.] – zrobiły

Wczoraj naprawiłem samochód. – I fixed the car yesterday. (The action was completed; the car was fixed)

Wczoraj <u>naprawiałem</u> samochód. – I was fixing the car yesterday. (The car wasn't necessarily finished)

Jutro <u>naprawię</u> samochód. – I will fix the car tomorrow. (This means that I will completely fix the car)

Jutro <u>będę naprawiał</u> samochód. – I will be fixing the car tomorrow. (This means that I may not finish the action tomorrow)

You may compare the imperfective aspect with the English progressive, yet these are different concepts, so don't rely completely on such comparison. It is advisable to learn the use of perfective and imperfective naturally and in context. Learning off by heart will not give you the best results. Thus, these examples and declensions are here only to show you how the Polish verbs work in practice.

Essential Polish Verbs

Być – to be (Jestem Paula. – I am Paula.)

Mieć – to have (Mam kota. – I have a cat)

Iść – to go (Idę do sklepu. – I'm going to the store)

Robić – to do / to make (Robię zakupy. – I'm doing shopping)

Próbować – to try (Próbowałem wiele razy. – I've tried many times)

Pomagać – to help (Pomagam tacie. – I'm helping my dad.)

Grać / bawić się – to play (Lubię bawić się na dworze. – I like playing outside.)

Spacerować – to walk (Lubisz spacerować? – Do you like walking?)

Uczyć się – to learn (W szkole muszę się uczyć. – I have to learn at school.)

Mieszkać – to live (Mieszkam w mieście. – I live in a city.)

Pracować – to work (Pracuję w dużej firmie. – I work in a big company.)

Jeść – to eat (Chodźmy coś zjeść! – Let's go eat something!)

Pić – to drink (Ona wypiła już kawę. – She has already drunk her coffee.)

Pisać – to write (Piszę e-mail. – I'm writing an e-mail.)

Czytać – to read (On czyta książkę. – He's reading a book.)

Liczyć – to count (Mogę na ciebie liczyć? – Can I count on you?)

Rysować – to draw (Uczę się rysować. – I'm learning how to draw.)

Malować – to paint (Oni malują. – They're painting.)

Widzieć – to see (Nie widzę go. – I can't see him.)

Wyglądać / spoglądać – to look (Dobrze wyglądasz! – You look good!)

Oglądać – to watch (Oglądam telewizję – I'm watching TV)

Słyszeć – to hear (Usłyszałem dziwny głos. – I've just heard a strange voice)

Słuchać – to listen (Słuchamy muzyki. – We're listening to music.)

Spać – to sleep (Idę spać. – I'm going to sleep.)

Gotować – to cook (Umiesz gotować? – Can you cook?)

Sprzątać – to clean (Muszę dzisiaj sprzątać mieszkanie. – I have to clean the flat today.)

Podróżować – to travel (Podrózuję do Chin. – I'm traveling to China.)

Jechać – to drive (Jadę do domu. – I'm driving home.)

Latać – to fly (Chciałbyś polecieć do Londynu? – Would you like to fly to London?)

Pływać – to swim (Nie umiem pływać. – I can't swim.)

Biegać – to run (Ona teraz biega. – She's running now.)

Siedzieć – to sit (Usiądźcie. – Sit down.)

Rozpoczynać – to begin (Przedstawienie zaczyna się o 8:00. – The show begins at 8 AM.)

Stać – to stand (Stań tutaj. – Stand here.)

Kłaść – to put (Gdzie mogę położyć tę paczkę? – Where can I put this parcel?)

Wychodzić – to leave (Właśnie wychodziliśmy. – We were just leaving.)

Przychodzić – to come (Przyjdź do mojego biura o 9:00. – Come to my office at 9 AM.)

Śpiewać – to sing (Nie umiem śpiewać. – I can't sing.)

Tańczyć – to dance (Zatańczymy? – Shall we dance?)

Pamiętać – to remember (Pamiętaj o mnie. – Remember about me.)

Zapominać – to forget (Zapomniałem o spotkaniu! – I've just forgotten about the meeting!)

Wybierać – to choose (Wybierz jedną opcję. – Choose one option.)

Zamykać – to close (Zamknij drzwi, proszę. – Close the door, please.)

Otwierać – to open (Czy mógłbyś otworzyć okno? – Could you open the window?)

Tworzyć – to create (Stwórzmy własny projekt! – Let's create our own project!)

Budować – to build (On buduje dom. – He's building a house.)

Pokazywać / przedstawiać – to show (Pokażesz mi? – Can you show me?)

Czuć – to feel (Czuję się dobrze. – I feel good.)

Czuć / wąchać – to smell (Czuję coś dziwnego. – I'm smelling something strange.)

Smakować / próbować – to taste (Spróbuj tej zupy. – Taste this soup.)

Myśleć – to think (Myślę, że… – I think that…)

Rosnąć – to grow (Dzieci rosną bardzo szybko. – Children grow very fast.)

Myć – to wash (Muszę umyć samochód. – I need to wash my car.)

Wierzyć – to believe (Wierzę, że… – I believe that…)

Mówić – to speak (Mów głośniej! – Speak up!)

Powiedzieć – to say (Powiedz coś! – Say something!)

Rozmawiać – to talk (Możemy teraz porozmawiać? – Can we talk now?)

Dawać – to give (Czy mógłbyś mi to dać? – Could you give me this?)

Brać – to take (Muszę wziąć dzień wolnego. – I have to take a day off.)

Pożyczać – to borrow (Pożyczysz mi swój samochód? – Could you borrow me your car?)

Pożyczać – to lend (Pożyczę ci mój samochód. – I will borrow you my car.)

Skakać – to jump (On skacze bardzo wysoko. – He's jumping very high.)

Odejść – to quit (Odchodzę! – I quit!)

Uderzyć – to hit (Mocno mnie uderzyła!– She hit me hard!)

Strzelać – to shoot (Strzelaj! – Shoot!)

Kupować – to buy (Chcę kupić nowy samochód. – I want to buy a new car.)

Sprzedawać – to sell (Muszę sprzedać dom. – I have to sell my house.)

Wymieniać – to exchange (Czy mogę wymienić pieniądze? – Can I exchange my money?)

Wygrywać – to win (Moja drużyna wygrała zawody! – My team won the competition!)

Przegrywać – to lose (moja drużyna przegrała zawody – My team lost the competition.)

Rozumieć – to understand (Rozumiesz? – Do you understand?)

Uczyć – to teach (Uczę w szkole podstawowej. – I teach at primary school.)

Łapać – to catch (Łap piłkę! – Catch the ball!)

Reflexive Verbs

As you probably know, some verbs require using reflexive pronouns, such as *myself*, *yourself* or *themselves*. These verbs usually require the same person to be the doer of the activity and the object. In Polish, such verbs are created by adding the word "się". You don't need to add different pronouns since the main verb is already inflected. Let's compare Polish *myć się* and English *to wash oneself*, to make it more understandable:

myć się – to wash oneself

Ja myję się – I wash myself

Ty myjesz się – You wash yourself

On myje się – He washes himself

Ona myje się – She washes herself

Ono myje się – It washes itself

My myjemy się – We wash ourselves

Wy myjecie się – You wash yourselves

Oni myją się (masc.) – They wash themselves

One myją się (fem.) – They wash themselves

Looking at the examples, you can easily notice that each version of the Polish verb contains the word *się*. This word is used instead of the English *myself, yourself,* etc. As a matter of fact, the Polish verb doesn't need to be accompanied by a special pronoun—since the information about the doer of the activity is implicit in the main verb (to be more precise, in the inflectional ending). To sum up, you just need to add *się* to the activity in order to create a reflexive verb. Pretty easy, isn't it?

Tenses

The concept of Polish tenses is significantly different from English—since in Polish we can choose only between the past, present or future. When it comes to the present, we can have different situations with the same structure:

Myję zęby każdego dnia. – I brush my teeth every day.

Myję zęby teraz. – I am brushing my teeth now.

Myję zęby od siedmiu lat. – I have brushed my teeth for seven years.

Myję zęby od siedmiu lat – I have been brushing my teeth for seven years.

Robię zadania domowe w weekendy. – I do my homework on weekends.

Robię zadania domowe. – I am doing my homework.

Robię zadania domowe odkąd poszedłem do szkoły – I have been doing my homework since I went to school.

Robię zadania domowe odkąd poszedłem do szkoły – I have done my homework since I went to school.

As you can see above, the Polish language does not contain the distinction between the simple present, the continuous aspect, and the perfect aspect. All concepts are expressed similarly. As far as the past is concerned, you can notice a similar pattern:

Zrobiłem zadanie domowe wczoraj. – *I did* my homework yesterday.

Robiłem zadanie domowe kiedy zadzwonił telefon. – *I was doing* my homework when the telephone rang.

Zrobiłem właśnie zadanie domowe. – *I have just done* my homework.

Nie wiedziałem czemu dostałem 1, ponieważ *zrobiłem* zadanie domowe. – I didn't know why I got an E because I *had done* my homework.

You can clearly notice almost the same forms of the verb (the slight changes result from the perfective or imperfective aspect) in Polish sentences, no matter what situation they refer to. Now, let's focus on some examples of situations that are correlated with the future:

Zrobię zadanie domowe. – *I will do* my homework.

Zrobię zadanie domowe zanim mama przyjedzie. – *I will have done* my homework by the time my mom comes back.

Free Word Order

Unlike English, that requires a fixed word order in a sentence, the Polish language is not that strict. The abundance of inflectional endings allows Polish speakers the opportunity to put the same words in different combinations. Therefore, the same sentence can be built in multiple ways since there is no requirement for the subject-verb-object pattern.

Let's look at some examples to see how the free word order works:

"I'm going to the cinema with my girlfriend this evening."

– Idę do kina z moją dziewczyną dziś wieczorem. (I'm going to the cinema with my girlfriend this evening).

– Idę do kina dziś wieczorem z moją dziewczyną. (I'm going to the cinema this evening with my girlfriend.)

– Idę dziś wieczorem do kina z moją dziewczyną. (I'm going this evening to the cinema with my girlfriend.)

– Idę z moją dziewczyną do kina dziś wieczorem. (I'm going with my girlfriend to the cinema this evening.)

– Idę dziś wieczorem z moją dziewczyną do kina. (I'm going this evening with my girlfriend to the cinema.)

– Dziś wieczorem do kina idę z moją dziewczyną. (This evening to the cinema I'm going with my girlfriend.)

– Dziś wieczorem z moją dziewczyną idę do kina. (This evening with my girlfriend I'm going to the cinema.)

– Dziś wieczorem idę do kina z moją dziewczyną. (This evening I'm going to the cinema with my girlfriend.)

– Do kina idę dziś wieczorem z moją dziewczyną. (To the cinema I'm going this evening with my girlfriend.)

– Do kina z moją dziewczyną idę dziś wieczorem. (To the cinema with my girlfriend I'm going this evening.)

– Z moją dziewczyną idę dziś wieczorem do kina. (With my girlfriend I'm going this evening to the cinema.)

– Z moją dziewczyną do kina idę dziś wieczorem. (With my girlfriend to the cinema I'm going this evening.)

Although some of the combinations presented above can be used in English, there are grammatically incorrect ones—since they do not follow the subject-verb-object pattern. For example, the sentence *"With my girlfriend I'm going this evening to the cinema."* looks really strange for English speakers. In Polish, all sentences are grammatically correct, yet there are some more popular patterns. It is important to note that some of the combinations are used only in casual, informal speech, and some of them are more popular in writing (sentences that follow the subject-verb-object pattern appear in writing in most cases).

Double Negation

While expressing double negation in English is impossible (or indicative of certain social groups), it is a common standard in Polish. Polish speakers use this structure on a daily basis in speech, and what is even more interesting, in writing.

Let's analyze a few examples, to see how double negation works:

"Nic nie kupiłem" can be literally translated as "I didn't buy nothing."

"Nie ma niczego" can be literally translated as "There isn't nothing."

"Nic nie robię" can be literally translated as "I am not doing nothing."

"Nigdy nie byłem w Chinach" can be literally translated as "I haven't never been to China."

Taking a deeper look at the above examples, you can notice that Polish double negation is expressed by a verb in a negative form along with a pronoun that carries a negative meaning (such as *nic* [nothing], *nigdy* [never]). What is interesting is that the phenomenon of double negation can be found in the other Slavic languages, such as Czech or Russian.

Articles

Use of articles represents another significant difference between English and Polish. Generally, there are neither definite nor indefinite articles in Polish, which is quite interesting. Unfortunately, Polish learners of English face many difficulties while learning the articles—since it is a concept really difficult to grasp. In fact, despite knowing the rules and exceptions, even advanced and proficient Polish speakers of English cannot fully understand articles, and what is more, they usually cannot apply them intuitively.

Personal Pronouns

English appears to contain only a few personal pronouns when compared to Polish. Why? The answer is pretty simple—Polish personal pronouns are inflected by case, gender, and number.

Let's see how it works in practice:

I (Ja) – Me

[Nominative] ja

[Genitive] mnie

[Dative] – mi/mnie

[Accusative] – mnie

[Ablative] – (ze) mną

[Locative] – (o) mnie

[Vocative] – ja!

You (Ty) – You

[Nominative] ty

[Genitive] cię/ciebie

[Dative] – ci/tobie

[Accusative] – cię/ciebie

[Ablative] – (z) tobą

[Locative] – (o) tobie

[Vocative] – ty!

He (On) – Him

[Nominative] on

[Genitive] jego/niego

[Dative] – jemu/mu/niemu

[Accusative] – jego/go/niego

[Ablative] – (z) nim

[Locative] – (o) nim

[Vocative] – on!

She (Ona) – Her

[Nominative] ona

[Genitive] jej/niej

[Dative] – jej/niej

[Accusative] – ją/nią

[Ablative] – (z) nią

[Locative] – (o) niej

[Vocative] – ona!

It (Ono) – Its

[Nominative] ono

[Genitive] jego/go/niego

[Dative] – jemu/mu/niemu

[Accusative] – je/nie

[Ablative] – (z) nim

[Locative] – (o) nim

[Vocative] – ono!

We (My) – Us

[Nominative] my

[Genitive] nas

[Dative] – nam

[Accusative] – nas

[Ablative] – (z) nami

[Locative] – (o) nas

[Vocative] – my!

You (Wy) – You

[Nominative] wy

[Genitive] was

[Dative] – wam

[Accusative] – was

[Ablative] – (z) wami

[Locative] – (o) was

[Vocative] – wy!

They (Oni/One) – Them

[Nominative] oni / one

[Genitive] ich / ich

[Dative] – im / im

[Accusative] – ich / je

[Ablative] – (z) nimi / nimi

[Locative] – (o) nich / nich

[Vocative] – oni! / one!

To sum up, there are many different personal pronouns in the Polish language. However, do not learn the examples above by heart; it won't work. Instead, try to immerse yourself in the language—read, listen and try to speak. The more you use your language in context, the more unintentional is your use of inflections. Every time you need some help with the pronouns, go back to the examples above.

Demonstratives

The Polish principles of using demonstratives are almost similar to the English equivalents because they work to refer to something near or far from the speaker. However, the most important difference involves declination—since Polish demonstrative adjectives correspond with a **number, gender, and case**.

Let's see how they work in practice:

This: (masculine / feminine / neuter)

[Nominative] ten / ta / to

[Genitive] tego / tej / tego

[Dative] – temu / tej / temu

[Accusative] – ten / tę / to

[Ablative] – (z) tym / tą / tym

[Locative] – (o) tym / tej / tym

[Vocative] – ten! / ta! / to!

Those: (masculine / feminine / neuter)

[Nominative] tamten / tamta / tamto

[Genitive] tamtego / tamtej / tamtego

[Dative] – tamtemu / tamtej / tamtemu

[Accusative] – tamten / tamtą / tamto

[Ablative] – (z) tamtym / tamtą / tamtym

[Locative] – (o) tamtym / tamtej / tamtym

[Vocative] – tamten! / tamta! / tamto!

These: (masculine / non-masculine)

[Nominative] – ci / te

[Genitive] – tych / tych

[Dative] – tym / tym

[Accusative] – tych / te

[Ablative] – (z) tymi / tymi

[Locative] – (o) tych / tych

[Vocative] – ci! / te!

Those: (masculine / non-masculine)

[Nominative] – tamci / tamte

[Genitive] – tamtych / tamtych

[Dative] – tamtym / tamtym

[Accusative] – tamtych / tamte

[Ablative] – (z) tamtymi / tamtymi

[Locative] – (o) tamtych / tamtych

[Vocative] – tamci! / tamte!

As you can see above, Polish demonstratives are quite a challenge because they change according to gender and case. What can be clearly noticed from the beginning is that the demonstrative has the prefix *tam-* when referring to something far from the speaker. As in the case of learning Polish cases, it is advisable to learn demonstratives (or any items that require heavy declension) in context and gradually, so as not to become quickly overwhelmed by the amount of the material.

Let's take a look at some examples to see how demonstratives work in practice:

Ten chłopak mi się podoba – I like this guy.

Nie chcę <u>tego</u> jeść! – I don't want to eat <u>that</u>!

<u>Ta</u> koszula nie wygląda dobrze. – <u>This</u> shirt doesn't look good.

Chciałbym kupić <u>tamtą</u> lampę. – I would like to buy <u>that</u> lamp.

<u>Tamten</u> koleś wygląda dziwnie. – <u>That</u> guy looks weird.

Just as in English, we can use demonstratives to refer to a specific period of time. However, there is a slight difference in forming such construction—since Polish usually requires using different cases and prepositions. Here are some examples:

w <u>tym</u> tygodniu – <u>this</u> week (Polish construction requires locative case and preposition *w* [in]. This structure can be literally translated as [in this week]).

w <u>tym</u> roku – <u>this</u> year (Again, Polish construction requires locative case and preposition *w* [in]. This structure can be literally translated as [in this year]).

o <u>tej</u> porze roku – at <u>this</u> time of the year (In this case, the English phrase requires using a preposition as well. The Polish structure is the same).

w <u>tym</u> miesiącu – this month (Polish construction requires locative case and preposition *w* [in], as in the examples above. This structure can be literally translated as [in this month]).

Possessives

As you probably know, English possessives look different, depending on the kind of possessive. In other words, there are possessive adjectives (such as *my*, *your*) and possessive pronouns (such as *mine*, *yours*). In contrast to English, Polish possessive adjectives look the same as possessive pronouns, yet unfortunately, they are declined by gender, number, and case. What is important to know is **that Polish possessives change according to the noun of the object possessed and the person it's possessed by** (look at the third person singular [his, her, its], for example). The best way to learn them is to see how they work in actual sentences—since, without the context, learning will not be efficient. At first, let's take a look at **possessives correlated with the singular form of a noun that is possessed:**

my/mine [sing.] (masculine / feminine / neutral)

[Nominative] mój / moja / moje

[Genitive] mojego / mojej / mojego

[Dative] – mojemu / mojej / mojemu

[Accusative] – mój / moją / moje

[Ablative] – (z) moim / moją / moim

[Locative] – (o) moim / mojej / moim

[Vocative] – mój! / moja! / moje!

your/yours [sing.] (masculine / feminine / neutral)

[Nominative] twój / twoja / twoje

[Genitive] twojego / twojej / twojego

[Dative] – twojemu / twojej / twojemu

[Accusative] – twój / twoją / twoje

[Ablative] – (z) twoim / twoją / twoim

[Locative] – (o) twoim / twojej / twoim

[Vocative] – twój! / twoja! / twoje!

our/ours [pl.] (masculine / feminine / neutral)

[Nominative] nasz / nasza / nasze

[Genitive] naszego / naszej / naszego

[Dative] – naszemu / naszej / naszemu

[Accusative] – nasz / naszą / nasze

[Ablative] – (z) naszym / naszą / naszym

[Locative] – (o) naszym / naszej / naszym

[Vocative] – nasz! / nasza! / nasze!

your/yours [pl.] (masculine / feminine / neutral)

[Nominative] wasz / wasza / wasze

[Genitive] waszego / waszej / waszego

[Dative] – waszemu / waszej / waszemu

[Accusative] – wasz / waszą / wasze

[Ablative] – (z) waszym / waszą / waszym

[Locative] – (o) waszym / waszej / waszym

[Vocative] – wasz! / wasza! / wasze!

their/theirs [pl.] (masculine / feminine / neutral)

[Nominative] ich / ich / tych

[Genitive] ich / ich / tych

[Dative] – ich / ich / tych

[Accusative] – ich / ich / tych

[Ablative] – (z) ich / ich / tych

[Locative] – (o) ich / ich / tych

[Vocative] – ich! / ich! / tych!

To sum up, there are a few patterns that can be noticed after taking a closer look at the examples above. Firstly, third person singular and third person plural does not require adding different endings; each form looks the same (*jego, jej, jego, ich*). As far as other persons are concerned, you can easily notice that "the basis" of given possessive changes, yet the endings remain nearly the same (there are only a few exceptions). Thus, all you need to do is learn some patterns instead of memorizing long tables of declensions. What is more, these endings look nearly the same not only in possessives but also in demonstratives, adjectives and other important items that are correlated with the noun. Indeed, Polish may look overwhelming at the beginning; however, some strategies make you learn faster and easier.

Now, let's look at **the possessives that are correlated with the plural form of a noun that is possessed** (we will skip third person singular and third person plural—since, in both situations, possessive forms are the same [*jego, jej, jego, ich*]):

My/mine (masculine / non-masculine)

[Nominative] – moi / moje

[Genitive] – moich / moich

[Dative] – moim / moim

[Accusative] – moich / moje

[Ablative] – (z) moimi / moimi

[Locative] – (o) moich / moich

[Vocative] – moi! / moje!

your/yours (masculine / non-masculine)

[Nominative] – twoi / twoje

[Genitive] – twoich / twoich

[Dative] – twoim / twoim

[Accusative] – twoich / twoje

[Ablative] – (z) twoimi / twoimi

[Locative] – (o) twoich / twoich

[Vocative] – twoi! / twoje!

our/ours (masculine / non-masculine)

[Nominative] – nasi / nasze

[Genitive] – naszych / naszych

[Dative] – naszym / naszym

[Accusative] – naszych / nasze

[Ablative] – (z) naszymi / naszymi

[Locative] – (o) naszych / naszych

[Vocative] – nasi! / nasze!

your/yours (masculine / non-masculine)

[Nominative] – wasi / wasze

[Genitive] – waszych / waszych

[Dative] – waszym / waszym

[Accusative] – waszych / wasze

[Ablative] – (z) waszymi / waszymi

[Locative] – (o) waszych / waszych

[Vocative] – wasi! / wasze!

As you can see above, the same patterns can be observed in the plural form of the possessed noun. All the presented declensions are not to discourage you from learning; they are to make you notice the repeatability and some interesting formulas. The more you practice your target language in a real context, the more automatic your use of the heavy declined items.

Let's take a look at some possessives in sentences:

Mój długopis – my pen (masculine noun, singular)

Ten długopis jest <u>mój</u>. – This pen is mine. (masculine noun, singular)

Twoja torebka – your bag (feminine noun, singular)

Ta torebka jest twoja. – This bag is yours. (feminine noun, singular)

Jego dziecko – his child (neutral noun, singular)

To dziecko jest jego. – This child is his. (neutral noun, singular)

Jej naszyjnik – her necklace (masculine noun, singular)

Ten naszyjnik jest jej. – This necklace is hers. (masculine noun, singular)

Nasz dom – our house (masculine noun, singular)

To jest nasz dom. – This is our house. (masculine noun, singular)

Wasza szafa – your wardrobe (feminine noun, singular)

Ta szafa jest wasza. – This wardrobe is yours. (feminine noun, singular)

Ich samochód – their car (masculine noun, singular)

Ten samochód jest ich. – This car is theirs. (masculine noun, singular)

Now let's take a look at the plural forms of the same nouns:

Moje długopisy – my pens (masculine noun, plural)

Te długopisy są moje. – These pens are mine. (masculine noun, plural)

Twoje torebki – your bags (non-masculine noun, plural)

Te torebki są twoje. – These bags are yours. (non-masculine noun, plural)

Jego dzieci – his children (non-masculine noun, plural)

Te dzieci są jego. – These children are his. (non-masculine noun, plural)

Jej naszyjniki – her necklaces (masculine noun, plural)

Te naszyjniki są jej. – These necklaces are hers. (masculine noun, plural)

Nasze domy – our houses (masculine noun, plural)

To są nasze domy. – These are our houses. (masculine noun, plural)

Wasze szafy – your wardrobes (non-masculine noun, plural)

Te szafy są wasze. – These wardrobes are yours. (non-masculine noun, plural)

Ich samochody – their cars (masculine noun, plural)

Te samochody są ich. – These cars are theirs. (masculine noun, plural)

Adjectives

Polish adjectives, just as the nouns, are declined by gender, number, and case. However, the adjectives depend directly on the noun they describe. In other words, they have the same gender, number and case as the noun they refer to. You don't need to memorize all the complex declensions—they are here only to show you some processes in the target language. It is advisable to create your adjective intuitively and in context, provided you are more or less familiar with the patterns. Otherwise, you will drown in the sea of different endings sooner or later. To see how the process works, let's analyze the adjective *mały* [small] with different nouns:

mały samochód – a small car (masculine noun, singular)

[Nominative] mały samochód

[Genitive] małego samochodu

[Dative] – małemu samochodowi

[Accusative] – mały samochód

[Ablative] – (z) małym samochodem

[Locative] – (o) małym samochodzie

[Vocative] – mały samochodzie!

Mała dziewczynka – a small girl (feminine noun, singular)

[Nominative] mała dziewczynka

[Genitive] małej dziewczynki

[Dative] – małej dziewczynce

[Accusative] – małą dziewczynkę

[Ablative] – (z) małą dziewczynką

[Locative] – (o) małej dziewczynce

[Vocative] – mała dziewczynko!

Małe dziecko – a small child (neutral noun, singular)

[Nominative] małe dziecko

[Genitive] małego dziecka

[Dative] – małemu dziecku

[Accusative] – małe dziecko

[Ablative] – (z) małym dzieckiem

[Locative] – (o) małym dziecku

[Vocative] – małe dziecko!

małe samochody – small cars (masculine noun, plural)

[Nominative] małe samochody

[Genitive] małych samochodów

[Dative] – małym samochodom

[Accusative] – małe samochody

[Ablative] – (z) małymi samochodami

[Locative] – (o) małych samochodach

[Vocative] – małe samochody!

Małe dzieci – small children (non-masculine noun, plural)

[Nominative] małe dzieci

[Genitive] małych dzieci

[Dative] – małym dzieciom

[Accusative] – małe dzieci

[Ablative] – (z) małymi dziećmi

[Locative] – (o) małych dzieciach

[Vocative] – małe dzieci!

Essential Polish Adjectives

Polish adjectives are created on the basis of similar rules. There are comparative adjectives and superlative adjectives and both of them are built differently depending on their length. Of course, there are some exceptions. At first, let's look at short adjectives and their gradation:

Długi (long) – dłuższy (longer) – najdłuższy (the longest)

Krótki (short) – krótszy (shorter) – najkrótszy (the shortest)

Niski (low) – niższy (lower) – najniższy (the lowest)

Chudy (skinny) – chudszy (skinnier) – najchudszy (the skinniest)

Ciepły (warm) – cieplejszy (warmer) – najcieplejszy (the warmest)

Zimny (cold) – zimniejszy (colder) – najzimniejszy (the coldest)

Jasny (light) – jaśniejszy (lighter) – najjaśniejszy (the lightest)

Ciemny (dark) – ciemniejszy (darker) – najciemniejszy (the darkest)

Miły (nice) – milszy (nicer) – najmilszy (the nicest)

Szczęśliwy (happy) – szczęśliwszy (happier) – najszczęśliwszy (the happiest)

Smutny (sad) – smutniejszy (sadder) – najsmutniejszy (the saddest)

Młody (young) – młodszy (younger) – najmłodszy (the youngest)

Stary (old) – starszy (older) – najstarszy (the oldest)

Nowy (new) – nowszy (newer) – najnowszy (the newest)

Śmieszny (funny) – śmieszniejszy (funnier) – najśmieszniejszy (the funniest)

Fajny (cool) – fajniejszy (cooler) – najfajniejszy (the coolest)

Gruby (fat) – grubszy (fatter) – najgrubszy (the fattest)

Ciężki (heavy) – cięższy (heavier) – najcięższy (the heaviest)

Silny (strong) – silniejszy (stronger) – najsilniejszy (the strongest)

Słaby (weak) – słabszy (weaker) – najsłabszy (the weakest)

Późny (late) – późniejszy (later) – najpóźniejszy (the latest)

Wczesny (early) – wcześniejszy (earlier) – najwcześniejszy (the earliest)

Twardy (hard) – twardszy (harder) – najtwardszy (the hardest)

Miękki (soft) – miększy (softer) – najmiększy (the softest)

Tani (cheap) – tańszy (cheaper) – najtańszy (the cheapest)

Biały (white) – bielszy (whiter) – najbielszy (the whitest)

Mądry (smart) – mądrzejszy (smarter) – najmądrzejszy (the smartest)

As you can guess from the examples, Polish comparative adjectives are created by adding the ending –szy. Unfortunately, along with adding the suffix, some of the adjectives undergo some major changes in their stems. Superlative adjectives are created by adding the prefix naj- to the comparative adjective. The examples below show that some Polish adjectives require different rules of gradation when compared to the English ones:

Drogi (expensive) – droższy (more expensive) – najdroższy (the most expensive)

Piękny (beautiful) – piękniejszy (more beautiful) – najpiękniejszy (the most beautiful)

Ważny (important) – ważniejszy (more important) – najważniejszy (the most important)

Some adjectives in Polish require the so-called descriptive gradation (the equivalent of English more … the most …). However, the rules are not the same. Remember that English adjectives are graded in the descriptive way when they have more than two syllables. When it comes to Polish, the descriptive gradation can be used with both short and long adjectives. What is more, some adjectives have regular gradation and the descriptive gradation as well:

Inteligentny (intelligent) – bardziej inteligentny (more intelligent) – najbardziej inteligentny (the most intelligent)

Inteligentny – inteligentniejszy – najinteligentniejszy

Popularny (popular) – popularniejszy (more popular) – najpopularniejszy (the most popular)

Popularny – bardziej popularny – najbardziej popularny

Zielony (green) – bardziej zielony (greener) – najbardziej zielony (the greenest)

Zielony – zieleńszy – najzieleńszy

Now, let's look at some irregular adjectives:

Dobry (good) – lepszy (better) – najlepszy (the best)

Zły (bad) – gorszy (worse) – najgorszy (the worst)

Duży (big) – większy (bigger) – największy (the biggest)

Mały (small) – mniejszy (smaller) – najmniejszy (the smallest)

Wysoki (tall) – wyższy (taller) – najwyższy (the tallest)

Indefinite Adjectives / Nouns

In Polish language, indefinite adjectives refer to quantity most of the time. They are also subordinate to the case, gender, and number. It is important to note that *anything* can be perceived in Polish differently, depending on the context. It can mean *nothing* or *something*:

Coś/nic – anything

Coś – something

Ktoś – someone/somebody

Każdy –every/each

Kiedyś – someday

Dużo – much/a lot of

Wiele – many/a lot of

Czy <u>ktoś</u> zna tę kobietę? – Does <u>someone</u> know this woman?

Nie słyszałem <u>nic</u> nowego ostatnio. – I haven't heard <u>anything</u> new recently. (double negation)

Słyszałeś <u>coś</u> nowego ostatnio? – Have you heard <u>anything</u> new recently?

Każde dziecko powinno chodzić do szkoły. – Every child should go to school.

<u>Nikogo</u> nie było w restauracji. – <u>Nobody</u> was at the restaurant.

Nie mam <u>nic</u> do powiedzenia. – I have got <u>nothing</u> to say. (double negation)

Chodźmy <u>gdzieś</u> na spacer – Let's go for a walk <u>somewhere</u>.

The Alphabet

The Polish alphabet contains 33 letters in total (including nine vowels). As mentioned before, the Polish alphabet is based on the Latin alphabet, yet the pronunciation is of Slavic origin. Therefore, some unique letters cannot be found in English. What is more, the Polish alphabet contains some diagraphs (and even one trigraph). Although the Polish alphabet is of Latin origin, it doesn't contain letters *x*, v, and *q*. Let's take a look at the Polish letters and their pronunciation:

POLISH ALPHABET:

Polish letter / English sound / pronunciation example

A a / u / as in fun

Ą ą / on, om / as in long

B b / b / as in bat

C c / ts / as in bits

Ć ć / ch / as in cheek

D d / d / as in dog

E e / e / as in red

Ę ę / en, em / as in dense

F f / f / as in frog

G g / g / as in gap

H h / ch / as in hamster (heavily aspirated)

I i / ee / as in cheek

J j / y / as in yeti

K k / c / as in call

L l / l / as in look

Ł ł / w / as in wall

M m / m / as in mom

N n / n / as in nose

Ń ń / ng (soft) / as in onion

O o / o / as in hot

Ó ó / u / as in push

P p / p / as in push

R r / r / as in Rome (rolled)

S s / s / as in seek

Ś ś / sh (soft) / as in sheep

T t / t / as in top

U u / u / as in push

W w / v / as in vital

Y y / y / as in rhythm

Z z / z / as in zebra

Ź ź / zh / as in Niger (very soft)

Ż ż / zh / as in pleasure (hard)

POLISH DIPHTHONGS

Polish diphthong / English sound / pronunciation example

Ch / ch / as in hamster

Ci / ch / as in cheek

Cz / ch / as in chalk

Dz / dz / as in goods (but with voiced s)

Dzi / dz / as in duke (very soft)

Dź / dz / as in duke (very soft)

Ni / ni / as in onion

Rz / s / as in treasure

Si / sh / as in sheep (soft)

Sz / sh / as in shark (hard)

Szcz / shch / - this is a consonant cluster that is absent in English, however, you try to join the sounds / sh / as in shark and / ch / as in chalk - / shch /

Zi / zh /as in Niger (very soft)

As you can see, Polish pronunciation is quite different from the English version—since some sounds are absent in English. For example, there are diphthongs (strange consonant clusters) that are quite difficult to distinguish from the very beginning. Despite the existence of diphthongs that add some difficulty, the good news is that most Polish sounds are not represented by many different combinations of letters. For example, the English sound [i] can be represented in the script in many ways (*e, ee, i, y* and so on). In

Polish, however, the sound [i] is represented only by the letter *i*. Once you learn the Polish alphabet and its pronunciation, your learning will be gradually getting easier and easier.

The most difficult concept to learn is Polish orthography. Although there are some rules, it should be learned by heart. As stated before, most of the Polish letters are represented by only one sound; however, there are some sounds that are represented by more than one letter. Let's take a look at these combinations:

POLISH ORTOGRAPHY

[The sound] - Example 1 / Example 2

[u] – u / ó

[h] (heavily aspirated) - h / ch

[zh] (hard) – ż / rz

[zh] (soft) - ź / zi

[sh] (soft) – ś / si

[ch] (soft) – ć / ci

[ng] (soft) – ń / ni

[om] – ą / om

The rest of the Polish sounds contain only one written representation. To sum up, Polish pronunciation is quite different from the English version, yet if you get familiar with the sounds, you will not have problems with pronunciation. The most difficult things for foreigners are the Polish orthography and the diphthongs. Indeed, Polish diphthongs can make you struggle—since they involve strange consonant clusters that will definitely make your tongue twist. The orthography will be getting more and more familiar, along with your advancement. If you make a spelling mistake, don't worry. Most of the Polish native speakers have many problems with the orthography, for it is a really difficult concept. Try to learn the Polish pronunciation gradually—listen to the Polish language and try to associate the sound with a particular letter /word. Learning in context is the best way!

Polish Numbers (1-100)

1- jeden

2- dwa

3- trzy

4- cztery

5- pięć

6- sześć

7- siedem

8- osiem

9- dziewięć

10- dziesięć

11- jedenaście

12- dwanaście

13- trzynaście

14- czternaście

15- piętnaście

16- szesnaście

17- siedemnaście

18- osiemnaście

19- dziewiętnaście

20- dwadzieścia

30- trzydzieści

40- czterdzieści

50- pięćdziesiąt

60- sześćdziesiąt

70- siedemdziesiąt

80- osiemdziesiąt

90- dziewięćdziesiąt

100- sto

The rule of creating Polish numbers is similar to the English one. You just read what you see from left to right. However, polish numbers are some of the toughest words to pronounce, so don't get discouraged. Let's see how it works in practice:

23 – dwadzieścia trzy (twenty-three)

56 – pięćdziesiąt sześć (fifty-six)

78 – siedemdziesiąt osiem (seventy-eight)

33 – trzydzieści trzy (thirty-three)

99 – dziewięćdziesiąt dziewięć (ninety-nine)

These are just Polish numbers. When it comes to the numerals, they are more complex—

since they are declined by gender, number, and case. For now, let's just skip the numerals.

Greetings and Basic Everyday Expressions

Polish basic everyday expressions are similar to the English ones with only one exception—Polish people do not use an equivalent of the English *good afternoon.* Let's take a look at some of the general greetings:

Dzień dobry! – Good morning / Good afternoon!

Dobry wieczór! – Good evening! (rather formal)

Do widzenia! – Goodbye!

Dzień dobry Pani – Good morning Mrs./Ms.*

Dzień dobry Panu/Panie – Good morning Mr.*

Cześć! – Hello / Hi!*

Cześć! – Bye! (informal)*

*Cultural note: When you don't know someone, or you address a much older person, always use *dzień dobry* instead of *cześć.* When you are at work, it is advisable to say *dzień dobry / do widzenia (Pani / Panie)* instead of *cześć* (*cześć* is rather an informal form of address), unless you get to know your colleagues better. Also, students at school/university never say *cześć* to their teachers, and teachers do not use *cześć* when addressing to their students. If you want to address a teacher, always use *dzień dobry* and be polite, no matter how long you know the teacher.

Dobranoc! – Good night!

Tak – Yes

Nie – No

Może… – I guess… / Maybe

Smacznego! – Enjoy your meal! / Bon appetit!

Na zdrowie! – Bless you!

Na zdrowie! – Cheers! (when making a toast)

Przepraszam – I am sorry / Excuse me

Dziękuję – Thank you

Nie ma za co – You're welcome

Proszę – Please

Proszę – Here / Here you are/ Here you go / There you go

Szczęść Boże! – God bless you! (Polish people rarely use *dzień dobry / dobry wieczór* when addressing to priests, nuns, monks, etc. Instead, they use *Szczęść Boże* [God bless you] or *Niech Będzie Pochwalony Jezus Chrystus* [Praised be Jesus Christ]).

Co tam? / Co u ciebie? – How are you? / How do you do?*

*Cultural note:** It is important to note that expressions such as *how are you / how do you do* are perceived differently in Poland since Polish people use them rarely. Generally, asking such questions is not a standard pattern. If you ask a Polish person *how do you do?* don't expect something like *I'm fine / I'm okay / I'm doing great.* Instead, a Polish person will tell you a couple of things about the job/school/family life, etc. So, Polish *co tam / co u ciebie?* is slightly different from the English *how are you?.*

There are also some colloquial expressions that are mostly used by younger generations. It is good to know a couple of informal greetings as well, so take a look at some of them:

Siema! – Hey!

Elo! – Yo! (a very informal form of addressing your close friends)

Jak leci? – What's up?

Trzymaj się! – Take care!

Na razie! – Bye! (informal)

Dzięki! – Thanks!

Spoko! / Ok! / Okej! – Okay! / No problem! (Polish people say *okay* very often)

Sory / Sorki – Sorry (again, Polish younger generations often say *sorry* instead of *przepraszam*)

Introducing Each Other and Initial Conversation

Dzień dobry! Nazywam się… – Good morning! My name is…

Cześć! Jestem… - Hi! / Hello! I am … (more informal)

Jak się nazywasz? – What's your name?

To jest mój przyjaciel … – This is my friend ….

Skąd pochodzisz? – Where are you from?

Jestem z Polski. – I am from Poland.

Jestem z Anglii. – I am from England.

Gdzie mieszkasz? – Where do you live?

Mieszkam w Warszawie. – I live in Warsaw.

Mieszkam w Londynie. – I live in London.

Ile masz lat? – How old are you?

Mam 23 lata. – I am 23 years old.

Jestem studentem (m.) / studentką (f.) – I am a student.

Pracuję w … – I work at / in …

Miło mi cię poznać. – Nice to meet you!

Mówisz po angielsku? – Do you speak English?

Mówię po angielsku. – I speak English.

Nie mówię dobrze po angielsku. – I don't speak English very well.

A ty? – And you? / How about you?

Ja też. – Me too.

Ja też nie. – Me neither.

Czy mogę ci jakoś pomóc? – How can I help you?

Nie, dziękuję. – No, thank you.

Myślę, że tak. – I think so.

Myślę, że nie. – I don't think so.

Oczywiście. – Of course. / Sure.

Nie ma problemu. – No problem.

Czy mógłbyś / mogłabyś przeliterować? – Could you spell it?

Czy mógłbyś / mogłabyś powtórzyć? – Could you repeat?

Nie rozumiem. – I don't understand.

Powodzenia! – Good luck!

Dobry pomysł! – Good idea!

Myślę, że to dobry pomysł. – I think it's a good idea.

Niech pomyślę… – Let me think…

Poczekaj chwilę. – Wait a moment.

Przepraszam. – Excuse me / I'm sorry

Przepraszam. Muszę już iść. – I'm sorry. I have to go.

Przepraszam za spóźnienie. – Sorry for being late.

Przepraszam, która jest godzina? – Excuse me, whet time is it?

Przepraszam, gdzie jest …? – Excuse me, where is …?

Czy mógłbyś / mogłabyś pokazać mi gdzie jest …? – Could you show me where … is?

Czy mógłbyś / mogłabyś pokazać na mapie? – Could you show me on the map?

Days of the Week, Months, Date

When it comes to the Polish names of days of the week / months /etc., they significantly differ from the English ones. Let's take a look:

Months:

Styczeń – January

Luty – February

Marzec – March

Kwiecień – April

Maj – May

Czerwiec – June

Lipiec – July

Sierpień – August

Wrzesień – September

Październik – October

Listopad – November

Grudzień – December

Days of the week:

Poniedziałek – Monday

Wtorek – Tuesday

Środa – Wednesday

Czwartek – Thursday

Piątek – Friday

Sobota – Saturday

Niedziela – Sunday

Seasons:

Wiosna – Spring

Lato – Summer

Jesień – Autumn / Fall

Zima - Winter

The format of the Polish date is as follows: "01.01.2019". Usually, the date starts from the day and ends with the year. It is important to note that you have to use a numeral, not a number, if you read the date (similar to the English pattern). As mentioned, Polish numerals and nouns (months too) are declined by gender, number, and case. However, the good news is that all months are masculine, so the endings are quite similar to one another.

Public Holidays

In Poland, most of the public holidays are similar to English equivalents, but there are a few differences. Let's take a closer look at the most important holidays in Poland, starting from 31st December:

Sylwester [31st December] – New Year's Eve – this is how Polish people say New Year's Eve. However, Sylwester is a male name that has its name day on 31st December.

Nowy rok [1st January] – New year – a statutory holiday in Poland

Święto Trzech Króli [6th January] – Epiphany / Three Kings' Day – Christian feast day that celebrates the revelation of God in his Son as a human in Jesus Christ. It is also a statutory holiday in Poland. However, it was declared a statutory holiday only a couple of years ago.

Środa Popielcowa [movable feast] – Ash Wednesday – although it is not a statutory holiday, it is a very important day for Poles since it symbolizes the beginning of Lent. On this day, Poles go to church and priests sprinkle people's heads with ash.

Wielka Sobota [movable] – Holy Saturday / Easter Eve – on this day, people take Easter baskets to the church to bless the food inside them (usually some meat, bread, salt, pepper, eggs, fruit, and cake)

Wielkanoc [movable] – Easter – on Easter Sunday, Polish people have special Easter breakfast (they usually eat the blessed food from the basket plus some dishes prepared at home)

Lany Poniedziałek [movable] – Easter Monday – it is a statutory holiday.

Święto Pracy [1st May] – Labor Day – this is a statutory holiday, yet it is no longer celebrated. During the 1970s and 1980s, people organized marches to symbolize the importance of labor. Today, however, people just spend this day casually at home or organize a barbecue or a short trip—since the celebration of this holiday (marches, etc.) is of communist origin.

Święto Konstytucji [3rd May] – Constitution Day – this is a statutory holiday that marks the date of signing the Polish Constitution (3rd May 1791). People usually hang Polish flags and spend this day with family.

Boże Ciało – [movable, but always on Thursday] – Corpus Christi – on this day, people celebrate the **real presence** of the body and blood of **Jesus Christ**, the **Son of God**, in the elements of the **Eucharist**. It is a statutory holiday in Poland.

Święto Wojska Polskiego [15th August] – Polish Army Holiday – it is also a church holiday connected with the mother of Jesus Christ, which the Poles call Mary Queen of Poland. It is a statutory holiday.

Wszystkich Świętych [1st November] – All Saints' Day – it is a statutory holiday. On this day, Polish people go to church and to the cemetery to visit the resting places of members of their families and friends.

Święto Niepodległości [11th November] – Independence Day – it is a statutory holiday that marks the date of winning the independence in 1918 after 123 years of occupation. On this day, Polish people usually hang flags and spend time with their families; however, Independence Day is not celebrated as strongly as in the States.

Wigilia [24th December] – Christmas Eve – this is the most important day of Polish Christmas. On this day, Polish people have Christmas supper, and they exchange presents after supper. There is also a special mass at midnight in each Polish church called *pasterka* that symbolizes the birth of Jesus Christ.

Pierwszy dzień świąt [25th December] – Christmas Day – it is a statutory holiday. Polish people usually spend this day with family or visit relatives.

Drugi dzień świąt [26th December] – Boxing Day – it is a statutory holiday, but Polish people do not have any traditions connected to it. They just spend time with their families at home.

Holiday Greetings

Wesołych Świąt Bożego Narodzenia! – Merry Christmas!

Wesołych Świąt Wielkanocnych! – Happy Easter!

Wesołych Świąt! – Happy holidays!

Szczęśliwego nowego roku! – Happy New Year!

Wszystkiego najlepszego! – All the best!

Wszystkiego najlepszego z okazji urodzin! – Happy birthday!

Wszystkiego najlepszego z okazji imienin! – Happy nameday!*

Cultural note: Celebrating name day is quite popular in Poland, especially among the older generations. In some families, the tradition of celebrating name day is still cultivated. When a person has their name day, the whole family gathers together and organizes a party / a special dinner.

Telling the Time

The most important thing to remember is that Polish people tell the time differently. Unlike English speaking countries, Poland follows the 24-hour format; thus you will less often hear a Polish person say something similar to AM or PM. In fact, Polish people may tell the time following the 24-hour format or the 12-hour format.

The second difference is that polish hours are declined by gender and case, so you cannot simply say *jest pięć*. Instead, you have to say *jest piąta*. The good news is that all hours are feminine, so the endings look quite similar.

The 24-hour format is as follows:

1:00 AM – 1:00 – pierwsza

2:00 AM – 2:00 - druga

3:00 AM – 3:00 - trzecia

4:00 AM – 4:00 - czwarta

5:00 AM – 5:00 - piąta

6:00 AM – 6:00 - szósta

7:00 AM – 7:00 - siódma

8:00 AM – 8:00 - ósma

9:00 AM – 9:00 - dziewiąta

10:00 AM – 10:00 - dziesiąta

11:00 AM – 11:00 - jedenasta

12:00 AM - 12:00 - dwunasta

1:00 PM - 13:00 - trzynasta

2:00 PM - 14:00 - czternasta

3:00 PM – 15:00 - piętnasta

4:00 PM – 16:00 - szesnasta

5:00 PM – 17:00 - siedemnasta

6:00 PM – 18:00 - osiemnasta

7:00 PM – 19:00 - dziewiętnasta

8:00 PM – 20:00 - dwudziesta

9:00 PM – 21:00 – dwudziesta pierwsza

10:00 PM – 22:00 – dwudziesta druga

11:00 PM – 23:00 – dwudziesta trzecia

12:00 PM 24:00 – dwudziesta czwarta / północ [midnight]

Która jest godzina? – What time is it?

Jest ... – It's ...

5:00 AM – 5:00 rano [5 in the morning] / 5:00 or piąta

5:00 PM – 5:00 po południu [5 in the afternoon] / 17:00 or siedemnasta

9:00 AM – 9:00 rano [9 in the morning] / 9:00 or dziewiąta

9:00 PM – 9:00 wieczorem [9 in the evening] / 21:00 or dwudziesta pierwsza

4:30 AM – wpół do piątej [half past four] / czwarta trzydzieści [four thirty]

6:15 PM – piętnaście po szóstej / osiemnasta piętnaście [six fifteen]

11:50 PM – za dziesięć dwunasta [ten to twelve] / dwudziesta trzecia pięćdziesiąt [eleven fifty]

As you can see, Polish people follow the 24-hour format as well as the 12-hour format, depending on the context. In the 12-hour format, they usually add expressions such as *rano* [in the morning], *po południu* [in the afternoon] or *wieczorem* [in the evening] to indicate the time of day. It is important to know that the 24-hour format is used more in formal situations and usually appears on train/bus schedules, programs, etc. The 12-hour format is used more in informal interactions.

At the Airport

After long hours spent on the plane, you have finally landed in Poland. The airport is the first place you will probably see on your trip to Poland, so why not start from the beginning?

In Poland, there are only eleven airports you can choose from, but you will probably choose Warsaw, Kraków, Poznań, Gdańsk or Wrocław as your first destination. It is important to note that Polish airports are rather small compared to the English or American ones, so you probably won't get lost. What is more, most of the information at airports is provided in both languages, and the staff speaks very good English. Nevertheless, knowing the most important vocabulary will certainly boost your confidence.

Lotnisko – an airport

Samolot – a plane

Lot – a flight

Bagaż – a luggage

Bagaż rejestrowany – a hold baggage

Bagaż podręczny – a hand baggage

Parking – a car park/parking

Strefa wolnocłowa – a duty-free zone

Wolny od cła – duty-free

Towary – goods

Toaleta – a toilet

Odprawa – check-in

Strażnik / ochroniarz – a security guard

Bilet – a ticket

Paszport – a passport

Kontrola paszportowa – passport control

Dowód osobisty – an identity card/ID card

Wejście na pokład – boarding

Lądowanie – landing

Opóźniony – delayed

Odloty – departures

Przyloty – arrivals

Hala odlotów – a departure lounge

Lądowanie awaryjne – an emergency landing

Międzylądowanie – a layover / intermediate landing

Pas bezpieczeństwa – a seat belt

Czy mogę zobaczyć Pana / Pani paszport? – May I see your passport, please?

Czy mogę zobaczyć Pana / Pani dowód osobisty? – May I see your ID, please?

Czy mogę zobaczyć Pana / Pani bilet? – May I see your ticket, please?

Przepraszam, gdzie jest strefa wolnocłowa? – Excuse me, where is duty-free zone?

Przepraszam, gdzie jest hala odlotów? – Excuse me, where is departure lounge?

Zgubiłem / Zgubiłam mój bagaż. – I've lost my luggage.

Czy mogę to zabrać jako bagaż podręczny? - Can I take this along as hand luggage?

Przykro mi, nie może Pan / Pani tego zabrać. – I'm sorry, you can't take this.

Tak, oczywiście. – Yes, of course.

Chcę zabrać swój bagaż. – I want to take my luggage.

Proszę zapiąć pasy bezpieczeństwa. – Please, fasten your seat belts.

Prosimy nie zostawiać bagażu bez nadzoru. – Please, don't leave your luggage unattended.

Train Station/Bus Station

If you live in Europe, there is a possibility you will get to Poland by train or bus. Polish railway infrastructure is pretty good—in Poland you can get everywhere by train. Also, all the biggest railway stations have been renovated in recent years, so they look nice and modern. Each station is connected to a shopping center with restaurants, information desks, etc. You will be surprised by how good the train/bus stations are in Poland!

Dworzec kolejowy – a train station/railway station

Dworzec autobusowy – a bus station/coach station

Kasa biletowa – a ticket office

Pociąg – a train

Autobus – a bus

Bilet na pociąg / bilet kolejowy – a railway ticket

Bilet na autobus / bilet autobusowy – a bus ticket

Bilety krajowe* – domestic tickets

Bilety Intercity* – Intercity tickets

Keep in mind: there are two ways you can buy a railway ticket in Poland. You can buy either a domestic ticket or an Intercity ticket. Domestic tickets usually involve short journeys within a certain region, whereas Intercity tickets involve longer journeys. Intercity trains look different from the regular trains—they have special compartments that can be shared only by six-eight people. If you buy an Intercity ticket, you have your own seat on the train (you can see the number of the compartment and the number of your seat on your ticket). If you buy a domestic ticket and choose the Intercity train, you will have to buy another ticket or even pay a special fine!

Peron – a platform

Tory kolejowe – a railway track/railroad track

Kierowca autobusu – a bus driver

Konduktor – a guard / a conductor (the word *konduktor* is used only with regard to trains)

Wagon – a carriage/car

Przedział – a compartment

Wagon sypialny – a sleeper / a sleeping carriage

Wagon restauracyjny / WARS – a diner / a restaurant car

Miejsce – a seat

Walizka – a suitcase

Plecak – a backpack

Torebka – a purse

Opóźniony – delayed

Przesiadka – a change / a stopover

Przystanek autobusowy – a bus stop

Rozkład jazdy – a train schedule / a bus schedule

Trasa pociągu – a train path

Bilet normalny – a full price ticket

Bilet ulgowy – a reduced-fare ticket

Bilet studencki – a student ticket (If you have your student ID with you, you can buy a student ticket which is a half-price ticket)

Czy mogę zobaczyć Pana / Pani bilet? – May I see your ticket, please?

Czy mogę zobaczyć Pana / Pani legitymację? – May I see your student ID, please?

Pociąg jest opóźniony. – The train is delayed.

Poproszę jeden bilet do Warszawy. – One ticket to Warsaw, please.

Poproszę jeden bilet studencki do Krakowa. – One student ticket to Kraków, please.

Przepraszam, czy ten pociąg jedzie do Poznania? – Excuse me, does this train go to Poznań?

Przepraszam, o której odjeżdża pociąg do Wrocławia? – Excuse me, what time does the train to Wrocław leave?

Pociąg do Wrocławia odjeżdża o dziewiątej dwadzieścia. – The train to Wrocław leaves at nine twenty.

Przepraszam, gdzie jest wagon sypialny? – Excuse me, where is the sleeping carriage?

Przepraszam, o której godzinie odjeżdża autobus do Szczecina? – Excuse me, what time does the bus to Szczecin leave?

Autobus do Szczecina odjeżdża za dziesięć minut. – The bus to Szczecin leaves in ten minutes.

On the Road

If you decide to go to Poland by car, there are a couple of things that you need to know. Firstly, because Poland is a member of the Schengen Agreement, its borders are open. It means that if you cross the Polish border, you are not a subject to border control. You can just drive casually, and you will probably not notice that you are in a different country. Secondly, it is your duty to have your daytime running lamps switched on round-the-clock. If the police notice that you don't, they may give you a ticket. Thirdly, there aren't many motorways in Poland (only four), yet there are plenty of express roads that look the same, so don't be scared. In fact, the Polish road infrastructure has improved significantly in recent years; you will certainly be surprised how good it is. Finally, there are speed limits that you must adhere to:

- Max. 50 km/h in a built-up area
- Max. 90 km/h in a non-built-up area
- Max. 120 km/h on express roads
- Max. 140 km/h on motorways
- Max. 20 km/h in home zones

Keep in mind that many speed cameras may take a picture of your car if you exceed the speed limit. Anyway, let's take a look at some vocabulary that might help you survive on the Polish roads:

On The Road

Znak drogowy – a road sign

Znak ostrzegawczy – a warning sign

Znak zakazu – a prohibition sigh

Znak nakazu – a mandatory sign

Znaki poziome – road surface markings

Ścieżka rowerowa – a bike path

Przejście dla pieszych – a pedestrian crossing

Lustro drogowe – a street mirror

Skrzyżowanie / krzyżówka – an intersection / a junction

Rondo – a roundabout/a traffic circle

Wiadukt – a flyover

Przejazd kolejowy – a railroad crossing / a railway crossing

Most – a bridge

Parking – a parking/a car park

Bilet parkingowy – a parking ticket

Kwit parkingowy – a parking voucher

Zjazd z autostrady – an exit ramp

Pas awaryjny – an emergency lane

MOP (miejsce obsługi podróżnych) – motorway service area

Tunel – a tunnel

Przeprawa promowa – a ferry crossing

Limit prędkości – a speed limit

Korek – a traffic jam

Wypadek samochodowy / wypadek na drodze – a car accident

Fotoradar – a street camera

Bramki na autostradzie – motorway gates*

*Keep in mind: If you want to use Polish motorways, you have to drive through a special gate and pay some money. The fees are not high, but sometimes the gates can cause huge traffic jams.

In Your Car

Pasażer – a passenger

Kierowca – a driver

Samochód – a car

Samochód ciężarowy – a lorry / a truck

Motocykl – a motorbike

Samochód elektryczny – an electric car

Kierownica – a steering wheel

Siedzenia – seats

Pasy bezpieczeństwa – seat belts

Pedał gazu – an accelarator

Hamulec – a brake

Hamulec ręczny – a handbrake / an emergency brake

Skrzynia biegów – a gearbox / a transmission

Sprzęgło – a clutch

Lusterko boczne – a wing mirror

Lusterko wsteczne – a rearview mirror

Wycieraczki – wipers

Światła do jazdy dziennej / światła krótkie – daytime running lamps

Światła drogowe / światła długie – full beam / driving beam

Światła przeciwmgielne – fog lamps

Kierunkowskaz – an indicator / a turn signal

Opona – a tyre

Koło zapasowe – a spare wheel

Bagażnik – a boot/a trunk

Gaśnica – a fire extinguisher

Trójkąt ostrzegawczy – a warning triangle

Linka holownicza – a towrope

Apteczka samochodowa – a car emergency kit

Lewarek / podnośnik – a jack

Prawo jazdy – a driving licence

Dówód rejestracyjny – a registration document

Ubezpieczenie OC – a liablity insurance

Wypożyczać samochód – to rent a car

Wypożyczalnia samochodów – a car hire / a car rental

Regulamin – rules and regulations

Bak – a petrol tank

Olej silnikowy – a motor oil

Płyn do spryskiwaczy – windshield washer fluid / a screenwash

Silnik – an engine/a motor

Dzień dobry, chciałbym / chciałabym wypożyczyć samochód – Hello, I would like to rent a car.

Czy mogę zobaczyć Pani / Pana prawo jazdy? – May I see your driving licence?

Czy mogę zobaczyć dowód rejestracyjny i ubezpieczenie? – May I see the registration document and the car insurance?

Czy może mi Pan / pani pokazać gdzie jest koło zapasowe? – Could you show me where the spare wheel is?

Skręć w prawo na skrzyżowaniu. – Turn right at the next intersecton.

Skręć w lewo na skrzyżowaniu. – Turn left at the next intersection.

Przepraszam, czy mógłby mi Pan / mogłaby Pani pomóc mi z kołem zapasowym? – Excuse me, could you help me with the spare wheel?

Przepraszam, gdzie jest wjazd na autostradę? – Excuse me, how can I get to the motorway?

At the Petrol Station

If you decide either to go to Poland by car or to rent a car, you will need to fuel up sooner or later. Many petrol stations in Poland offer relatively low prices compared to different European countries (such as Germany). If you have an electric car, you may have some problems—since chargers are not that popular and can be found only in big cities or on the motorways. Interestingly, most of the Polish petrol stations offer decent warm meals (e.g., hot-dogs, burgers, tortillas) and some good-quality coffee, so you don't have to go to McDonald's or KFC to eat something on the go. The most popular petrol stations are *Orlen, Lotos, Shell, BP,* and *CircleK.*

Paliwo – fuel

Benzyna – petrol / gasoline

Benzyna bezołowiowa – unleaded petrol / lead-free petrol

Benzyna ołowiowa – leaded petrol

Ropa / ON – petroleum

Dystrybutor paliwa – petrol pump / gas pump

Myjnia samochodowa – car wash

Myjnia bezdotykowa – touch-free / touchless car wash

Dzień dobry, w czym mogę pomóc? – Hello, how can I help you?

Chciałbym / Chciałabym benzynę 95 za 100 złotych. – I would like 95 petrol for 100 złoty.*

*Keep in mind: When you want to fuel up, you can either do it yourself or call the station attendant (on some stations, employees always come out to help you). When the employee comes, you need to say what type of fuel you want and how much (in money). Of course, you can say how many liters you want, yet the popular conversational pattern requires saying the amount of money you want to pay rather than the actual amount of the fuel.

Dzień dobry, chciałbym zapłacić za benzynę. – Hello, I would like to pay for my fuel.

To będzie 100 zł. – That will be 100 zł.

Poproszę jeszcze hot-doga oraz kawę z mlekiem. – I would also like a hot-dog and white coffee.

Dobrze, to będzie 106 zł. – Okay, that will be 106 zł.

Asking for Directions

Being in another country, you will certainly be faced with the problem of getting lost in a big city. Instead of relying exclusively on Google Maps or other fancy apps, why not ask a stranger about the directions? Such small talk is a good opportunity to test your speaking skills and foreign language knowledge. Here are the essential expressions you need to know:

Idź prosto – Go straight

Skręć w prawo – Turn right

Skręć w lewo – Turn left

Po prawej stronie – on the right

Po lewej stronie – on the left

Obok – next to

Za – behind

Na rogu ulicy – on the corner of the street

Po drugiej stronie ulicy – across the street

Na końcu ulicy – at the end of the street

W pobliżu / blisko – near

Naprzeciwko / przed – opposite / in front of

Pomiędzy / między – between

Knowing directions is key, and strangers that you meet on the street will not only give you basic guidelines but also provide you with some specific reference points. Let's look at them:

Ulica – street

Droga – road

Sygnalizacja świetlna– traffic lights

Skrzyżowanie – crossroads / junction

Znak drogowy – road sign

Drogowskaz – signpost

Przejście podziemne – underpass

Przejście dla pieszych – pedestrian crossing

Chodnik – pavement / sidewalk

Ścieżka rowerowa – bike path / cycle path

Accommodation

The inseparable part of each trip is the accommodation. The good news is that you can choose from many options available on the tourist market. Nowadays, you can stay not only at an expensive hotel but also at a youth hostel, a guesthouse, or a private apartment. Due to the globalization, open borders and the fast development of the Internet, booking has become much easier. In Poland, there are many options you can choose from. In some bigger cities, you can stay at a hostel or a hotel, whereas in the countryside you can rent a whole bungalow or stay at a holiday farm. When compared to other European countries, prices for a decent piece of accommodation are relatively low. So, if you are still not sure about your trip to Poland, don't hesitate—go!

Kinds of Accommodation

Hotel – a hotel

Hostel / schronisko – a youth hostel

Pensjonat – a pension

Domek / bungalow – a bungalow

Kurort / ośrodek wypoczynkowy – a resort

Kurort nadmorski – a beach resort

Przyczepa kempingowa / kemping – a caravan

Obozowisko / pole kempingowe – a campsite

Motel – a motel

Hotel pięciogwiazdkowy – a five-star hotel

Mieszkanie prywatne – a private flat

Apartament – a suite

Schronisko turystczne – a rest house

Schronisko górskie – a mountain chalet

Namiot – a tent

At a Hotel

Recepcja – a reception

Hol – a lobby

Restauracja hotelowa – a hotel restaurant

Bar hotelowy – a hotel bar

Pokój – a room

Klucz – a key

Pokój jednoosobowy – a single room

Pokój dwuosobowy – a double room

Obsługa hotelowa – room service

Parking dla gości – parking space for guests

Piętro / poziom – a floor / a level

Winda – a lift / an elevator

Schody – stairs

Balkon – a balcony

Taras – a terrace/a patio

Pokój z aneksem kuchennym – a room with a kitchenette

Rezerwować – to book / to make a reservation

Zameldowanie – check-in

Wymeldowanie – check-out

Pełne wyżywienie – full board

Niepełne wyżywienie – half board

Śniadanie – breakfast

Lunch – lunch

Obiadokolacja – dinner

Przekąski - snacks

In Your Room

Klimatyzacja – air conditioning

Ogrzewanie – heating

Klucz – a key

Łóżko – a bed

Łóżko jednoosobowe – a twin bed

Łóżko dwuosobowe / łoże małżeńskie – a queen bed

Łóżko piętrowe – a bunk bed

Garderoba / szafa na ubrania – a wardrobe / a closet

Stolik nocny – a bedside table

Telewizor – a TV

Darmowe WiFi – Free WiFi

Hasło do WiFi – WiFi password

Okno – a window

Łazienka – a bathroom

Wanna – a bathtub

Prysznic – a shower

Sejf – a safe deposit box / a safe

Suszarka do włosów – a hairdryer

Czajnik bezprzewodowy – an electric kettle

Lodówka – a fridge

Dzień dobry, mam rezerwację dla dwóch osób. – Hello, I have a reservation for two people.

Dzień dobry. Mam rezerwację na nazwisko … – Hello, I have a reservation. It's under the name…

Czy mają Państwo jakieś wolne pokoje? – Do you have any rooms available?

Czy przyjmują Państwo również zwierzęta? – Are pets allowed?

Czy ręczniki i pościele są wliczone w cenę? – Are sheets and towels included?

O której godzinie jest śniadanie? – What time do you serve breakfast?

O której godzinie jest obiadokolacja? – What time do you serve dinner?

Co jest w cenie zakwaterowania? – What's included in the cost of accommodation?

Czy może Pan/Pani przeliterować nazwisko? – Could you spell your last name, please?

Pókój jest na trzecim piętrze. – Your room is on the third floor.

Czy w tym pokoju jest klimatyzacja? – Does this room have air-conditioning?

Klimatyzacja w moim pokoju nie działa. – The air-conditioning in my room is out of order.

Przepraszam, jakie jest hasło do WiFi? – Excuse me, could you tell me the WiFi password?

Chciałbym / Chciałabym dokonać rezerwacji. – I would like to make a reservation.

Proszę, oto klucz do pokoju. – Here is your key.

Proszę zostawić brudne ręczniki na podłodze. – Please, leave the dirty towels on the floor.

Chciałbym / chciałabym się wymeldować. – I would like to check-out, please.

Chciałbym /chciałabym dostać inny pokój. – I would like a different room.

Bardzo nam się podobało. – We really enjoyed our stay here.

Doing the Shopping

On your trip to Poland, you will certainly have to buy some necessary stuff such as food, tickets, medicine or toiletries. Keep in mind that not all Polish shops offer their services in English, so knowing some basic expressions will definitely help you survive.

Sklep – a shop

Sklep spożywczy – a grocery store

Sklep odzieżowy – a clothing shop

Skep obuwniczy – a shoe shop

Piekarnia – a bakery / baker's

Cukiernia – a confectionery

Księgarnia – a bookshop

Stacja benzynowa – a petrol station / a gas station

Apteka – a pharmacy

Drogeria – a drugstore / chemist

Kiosk – a paper shop / newsagent's/kiosk

Supermarket – a supermarket

Sklep samoobsługowy – a self-service shop

Sklep sportowy – a sports shop

Sklep monopolowy – a liquor store / off-licence

Sklep mięsny – a butcher's shop / meat market

Sklep z narzędziami – a hardware shop

Sklep wielobranżowy – a general store

Sklep z upominkami – a gift shop

Sklep z pamiątkami – a souvenir shop

Sklep wolnocłowy – a duty-free shop

Pieniądze – money

Gotówka – cash

Karta płatnicza – payment card/credit card (In Polish stores people usually say *karta* [card])

Reszta / drobne – change

Banknot – a bank note / banknote

Terminal płatniczy – a payment terminal

Paragon – a receipt

Wózek – a shopping cart / shopping basket

Produkt – a product

Kasa – a checkout

Wyprzedaż – sale

Promocja – a special offer

Karta podarunkowa – a gift card

Zwrot – a return

Przepraszam, ile to kosztuje? – Excuse me, how much does it cost?

Czy mogę zapłacić gotówką? – Can I pay with cash?

Czy chciałby Pan / chciałaby Pani zapłacić kartą czy gotówką? – Would you like to pay with cash or with a credit card?

Czy mogę prosić o paragon? – Can I have a receipt, please?

Czy ma Pan / Pani jakieś drobne? – Have you got any change?*

Keep in mind: It's quite common that cashiers in Poland ask about change. If you buy only one thing and you give a bank note, you might be asked to provide some change.

Proszę wprowadzić PIN. – Enter your PIN code, please.

Dziś polecamy ... – I recommend buying ... today.

Ok, wezmę to. – Okay, I'll take it.

Nie, dziękuję. – No, thanks.

Czy mogę użyć mojej karty podarunkowej? – Can I use my gift card?

Czy mogę zwrócić ten produkt? – Can I return this product?

At the Supermarket

Polish supermarkets are quite common; you can find at least one even in a small town. When it comes to the bigger cities, there are lots of supermarkets everywhere; however, they are not as big as the American ones. One of the most popular Polish supermarkets is Biedronka [the Ladybird]. You will also find some foreign supermarkets such as Tesco, Lidl, Kaufland, Intermarche, and Carrefour. There are also some smaller franchises you will find in every city, for example, Żabka [the Frog], Stokrotka [the Daisy], Małpka [the Monkey], Polo Market. Names of Polish supermarkets are so cute, aren't they?

Wejście – entrance

Wyjście – exit

Kasa – a checkout

Kasa samoobsługowa – a self-service checkout

Torebka plastikowa – a plastic bag

Torba na zakupy – a shopping bag

Waga – scales

Alejka – an aisle

Artykuły spożywcze – groceries

Artykuły codziennego użytku – convenience goods

Artykuły toaletowe – toiletries

Artykuły biurowe – office suppliers/stationery

Pieczywo – bakery

Mięso – meat

Produkty mleczne – dairy products

Owoce – fruits

Warzywa – vegetables

Jajka – eggs

Słodycze – sweets / candy

Napoje – beverages

Alkohol – alcohol

Karma dla kota – cat food

Karma dla psa – dog food

Przyprawy – spices

Mrożonki – frozen food

Dania gotowe – convenience food / ready meals

Lody – ice cream

Chemia gospodarcza – household chemicals

Artykuły przecenione – sale items

Książki – books

Przepraszam, gdzie znajdę owoce? – Excuse me, where can I find fruit?

Tak, w sekcji artykułów spożywczych – Yes, they are in the produce section.

Czy chciałby Pan / chciałaby pani torbę? – Would you like a plastic bag?

Ten produkt jest obecnie wyprzedany. – This item is currently out of stock.

Czy ten produkt jest w promocji? – Is this product on sale?

Chciałbym / Chciałabym zapłacić gotówką. – I would like to pay with cash.

Chciałbym / Chciałabym zapłacić kartą. – I would like to pay with a credit card.

Proszę, oto reszta. – Here's your change.

Czy jest Pan / Pani członkiem naszego klubu? – Are you a member of our loyalty program?

Food and Drink

Food and drink are one of the most important issues on your trip to a foreign country. Whether you are going to eat out or cook at a hostel/apartment, you will have to know some basic vocabulary. Here are the most essential words:

Dairy Products – produkty mleczne:

Mleko – milk

Śmietana – cream

Ser żółty – cheese

Twarożek – cottage cheese

Jogurt – youghurt

Masło – butter

Margaryna – margarine

Maślanka – buttermilk

Bakery – pieczywo:

Chleb – bread

Chleb pszenny – wheat bread

Świeży chleb – fresh bread

Chleb żytni – rye bread

Chleb tostowy – toast bread

Bułka – bread roll

Bagietka – baguette

Pączki – donuts

Ciastka – biscuits/cookies

Vegetables – warzywa:

Ziemniak – potato

Pomidor – tomato

Ogórek – cucumber

Papryka czerwona – red pepper

Cebula – onion

Kapusta – cabbage

Sałata – lettuce

Marchewka – carrot

Brokuł – broccoli

Kalafior – cauliflower

Fasola – beans

Czosnek – garlic

Dynia – pumpkin

Szpinak – spinach

Pietruszka – parsley

Soja – soy

Seler – celery

Jarmuż – kale

Burak – beet / beetroot

Batat – sweet potato

Fruits – owoce:

Banan – banana

Jabłko – apple

Pomarańcza – orange

Grejfrut – grapefruit

Cytryna – lemon

Gruszka – pear

Brzoskwinia – peach

Kokos – coconut

Ananas – pineapple

Śliwka – plum

Arbuz – watermelon

Truskawka – strawberry

Malina – raspberry

Jagoda – blueberry

Wiśnia – cherry

Awokado – avocado

Orzech włoski – a walnut

Meat – mięso:

Kiełbasa – sausage

Bekon – bacon

Kurczak – chicken

Drób – poultry

Wołowina – beef

Wieprzowina – pork

Baranina – lamb

Szynka – ham

Mięso mielone – minced meat

Kabanos – a kabanos sausage (a snack stick sausage)

Salami – salami

Sweets/Candy – słodycze:

Czekolada – chocolate

Ciastka – cookies / biscuits

Cukierki czekoladowe – bonbons

Delicje – jaffa cakes

Batonik – chocolate bar

Żelki – jelly beans/gummy bears

Deser – dessert

Galaretka – jelly

Wafelek – wafer

Lody – ice cream

Lizak – lollipop

Krówka – fudge

Landrynki – hard candy

Beverages – napoje:

Woda w butelce – bottled water

Woda mineralna – mineral water

Woda gazowana – sparkling water

Cola – cola

Napoje gazowane – fizzy drinks

Sok pomarańczowy – orange juice

Sok jabłkowy – apple juice

Koktajl owocowy – fruit cocktail / smoothie

Kawa – coffee

Kawa rozpuszczalna – instant coffe

Kawa czarna – black coffee

Kawa z mlekiem – white coffee

Herbata – tea

Gorąca czekolada – hot chocolate

Piwo – beer

Wódka – vodka

Czerwone wino – red wine

Białe wino – white wine

Whisky – whiskey

Other Groceries:

Jajka – eggs

Mąka – flour

Sól – salt

Pieprz – pepper

Cukier – sugar

Cukier brązowy – cane sugar

Ryż – rice

Olej – oil

Oliwa z oliwek – olive oil

Przyprawy – spices

Miód – honey

Płatki kukurydziane – corn flakes

Płatki śniadaniowe – cereal

Healthy/Vegan Products:

Mleko sojowe – soy milk

Jogurt sojowy / kokosowy – soy / coconut yogurt

Mleko ryżowe / migdałowe – Rice / almond milk

Tofu – tofu

Hummus – hummus

Bezglutenowy – gluten-free

Soczewica – lentils

Płatki owsiane – oat flakes

Orzechy – nuts

Nasiona – seeds

At the Restaurant

When you visit a different country you probably want to try its cuisine. The best way to do this is to visit restaurants and cafés. Even though most of the staff will probably speak fluent English, it is nice to, at least, say "Thank you!" in the foreign language when visiting a restaurant. And if you go to less known places, don't be surprised when your waiter won't understand English! After all, knowing some basic vocabulary used at a restaurant will make you more confident during your trip to Poland.

Menu – menu

Śniadanie – breakfast

Lunch – lunch

Obiad – dinner

Kolacja – supper

Przystawki – starters / appetizers

Danie główne – main course / main dish

Zimne napoje – cold drinks

Gorące napoje – hot drinks

Kelner – waiter

Kelnerka – waitress

Szef kuchni – chef

Rachunek – bill

Rezerwacja – reservation

Danie dnia – today's special / dish of the day

Zarezerwować stolik – to book a table

Zapłacić gotówką – to pay with cash

Zapłacić kartą – to pay with a credit card

Złożyć zamówienie – to place the order

Napiwek – a tip*
*Cultural note: Leaving huge tips or leaving tips at all is not a very common thing in Poland. If you don't leave a tip, it is absolutely fine.

Dzień dobry, chciałbym / chciałabym zarezerwować stolik dla … osób. – Good morning, I would like to book a table for … people.

Dobry wieczór, mam rezerwację dla dwóch osób. – Good evening, I have a reservation for two people.

Dzień dobry, czy mogę przyjąć zamówienie? – Good morning, can I take your order?

Chciałbym/Chaciałabym … – I would like…

Czy mógłby / mogłaby mi Pan / Pani polecić coś do jedzenia? – Could you recommend something to eat?

Czy mógłby / mogłaby mi Pan / Pani polecić coś do jedzenia? – Could you recommend something to drink?

Czy chciałby/ chciałaby Pan / Pani coś do picia? – Would you like something to drink?

Przepraszam, czy mogę dostać menu? – Excuse me, can I have a menu, please?

Jakie jest dzisiejsze danie dnia? – What dish is today's special?

Chciałbym / chciałabym zapłacić kartą. – I would like to pay with a credit card.

Chciałbym / chciałabym zapłacić gotówką. – I would like to pay with cash.

Chciałbym / Chciałabym zapłacić. – I would like to pay.*

*Cultural note: The service in Polish restaurants looks slightly different; don't expect your waiter to come to you every five minutes and check if everything is okay with the meal. If you want to pay, you just need to call the waiter and say that you want your bill.

Polish Cuisine

If you visit Poland, you definitely need to try Polish cuisine. It does not matter if you go to a grocery shop, or a restaurant, you will certainly find fresh produce that comes from local suppliers. Moreover, some dishes are indicative of a certain region. For instance, *pyry z gzikiem* [potatoes with quark] can be found in Upper Poland. Let's take a look at some popular dishes from Polish cuisine:

Kotlet schabowy – a breaded **pork** cutlet; made of **pork tenderloin** (with the bone or without), or of **pork chop**.

Pierogi – Polish dumplings; they come with different fillings (e. g. cheese, jam, fruits, meat, cabbage, mushrooms).

Bigos – very spicy stew based on **sauerkraut** and meat.

Gołąbki – cabbage leaves filled with spiced minced meat and rice.

Kiełbasa – a Polish sausage, yet it differs significantly from the English equivalent. It comes in different versions (e. g. fresh, smoked) and is made of different types of meat (pork, lamb, veal, game, beef, etc.).

Kapusta kiszona – **sauerkraut**.

Ogórek konserwowy – a pickled cucumber which is rather sweet and vinegary in taste **Sałatka warzywna (sałatka jarzynowa)** – vegetable salad, a traditional Polish side dish based on cooked vegetables (potato, carrot, parsley root, celery root) with eggs, pickled cucumbers, and mayonnaise.

Żurek – very traditional Polish sour rye soup that contains eggs, Polish sausage, diced potatoes, diced carrots, meat, and mushrooms.

Pyry z gzikiem (Upper Poland) – potatoes (pyry) served with gzik (**quark** with **sour cream**, onion, and chives).

Bryndza (Lesser Poland) – sheep milk cheese.

Oscypek (Tatra Mountains) – hard, salty cheese from non-pasteurized **sheep milk** which is smoked over a fire. Very often served with some cranberry jam.

Cepeliny (Podlasie) – big and long potato dumplings filled with meat.

Kluski śląskie (Silesia) – round dumplings made of potatoes that are served with gravy.

These are the traditional dishes, yet there are many new Polish dishes worth trying. For example, if you are into street food, try *zapiekanka* – a short baguette topped with ham, mushrooms, tomato sauce, different vegetables, and mayonnaise. *Zapiekanka* comes in different varieties and sizes. Apart from traditional cuisine, many restaurants offer food from all around the world (Italian, Chinese, Indian, etc.) So don't expect only restaurants that serve *pierogi* and *żurek*. Moreover, if you are on a plant-based diet, you will be surprised how many vegan restaurants can be found in Poland. In fact, Warsaw is in the top ten of European cities with the biggest amount of vegan and vegetarian restaurants.

At the Drugstore/Perfumery

There are many drugstores in Poland; however, they are not that big. The most popular are *Rossmann* (German), *Natura, Hebe, SuperPharm, Douglas*. There are also small drugstores owned by local entrepreneurs.

Podstawowe kosmetyki – Basic Toiletries:

Żel pod prysznic – shower gel

Szampon do włosów – shampoo

Odżywka do włosów – hair conditioner

Dezodorant – deodorant

Mydło – soap

Krem do rąk – hand cream

Balsam do ciała – body lotion

Szczoteczka do zębów – toothbrush

Pasta do zębów - toothpaste

Maszynka do golenia – razor

Płyn po goleniu – aftershave

Pianka do golenia – shaving cream

Papier toaletowy – toilet paper

Chusteczki higieniczne – tissues / wipes

Podpaski – period pads

Tampony – tampons

Lakier do paznokci – nail polish

Zmywacz do paznokci – nail polish remover

Płyn micelarny – micellar water

Płatki kosmetyczne / waciki – cotton pads

Gąbka – sponge

Perfume - perfume

Produkty do makijażu – Make-up Products:

Podkład – foundation

Cień do powiek – eyeshadow

Kredka do oczu – eye pencil

Eyeliner – eyeliner

Szminka / pomadka – lipstick

Tusz do rzęs / maskara – mascara

Korektor – concealer

Bronzer / róż – bronzer / blush

Produkty do sprzątania – Cleaning Products:

Środek wielofunkcyjny – all-purpose cleaner

Proszek do prania – washing powder

Szczoteczka do czyszczenia – cleaning brush

Ściereczka do naczyń – dish towel

Płyn do mycia naczyń – dish soap

Płyn do mycia szyb – window cleaner

Gąbka – sponge

Produkty dla dzieci – Products for Babies

Pieluchy jednorazowe / pampersy – disposable diapers

Smoczek – comforter

Mleko dla niemowląt – baby milk / baby formula

Chusteczki dla niemowląt – baby wipes

Dzień dobry, czy macie proszek do prania? – Hello, do you have washing powder?

Niestety, nie mamy proszku do prania. – I'm sorry, we don't have washing powder.

Tak, znajdzie go Pan / Pani w dziale produktów do sprzątania. – Yes, you can find it in the cleaning products section.

Czy ta pomadka posiada też inne odcienie? – Does this lipstick come with different shades?

Czy ten kolor mi pasuje? – Does this shade fit me well?

Czy chciałaby pani wypróbować ten produkt? – Would you like to try a sample?

Czy mógłbym/mogłabym wypróbować ten produkt? – Can I try a sample of this product?

Czy chciałaby Pani / chciałby Pan plastikową torebkę? – Would you like a plastic bag?

Body Parts

Głowa – Head

Twarz – face

Włosy – hair

Uszy – ears (ucho – ear)

Oczy – eyes (oko – eye)

Nos – nose

Usta – mouth

Język – tongue

Zęby – teeth (ząb – tooth)

Szyja – neck

Gardło – throat

Czoło – forehead

Rzęsy – eyelashes (rzęsa – eyelash)

Brwi – eyebrows (brew – eyebrow)

Policzki – cheeks (policzek – cheek)

Górne części ciała – Upper body

Klatka piersiowa – chest

Plecy – back

Dłoń – hand

Ręka – arm (when you say *ręka*, you mean the whole upper limb – arm and hand together)

Ramię – arm (only an arm)

Łokieć – elbow

Palce – fingers (palec – finger)

Nadgarstek – wrist

Brzuch – stomach

Piersi – breasts

Dolne części ciała – Lower body

Biodra – hips (biodro – hip)

Pośladki – bottom

Nogi – legs (noga – leg)

Stopy – feet (stopa – foot)

Palce u nóg – toes (palec u nogi – toe)

Kolana – knees (kolano – knee)

Pięty – heels (pięta – heel)

Kostka – ankle

Uda – thighs (udo – thigh)

Łydki – calves (łydka – calf)

Kości i organy wewnętrzne – Bones and Internal Organs

Żebra – ribs (żebro – rib)

Czaszka – skull

Żołądek – stomach

Serce – heart

Płuca – lungs (płuco – lung)

Wątroba – liver

Nerki – kidneys

Naczynia krwionośne – blood vessels

Mięśnie – muscles (mięsień – muscle)

At the Doctor's

Even though we wish you good luck, accidents might happen. When you have an accident or start to feel bad, don't hesitate to go to the doctor. Although we hope that you won't have to go to this page during your trip to Poland, it is always better to know at least some body parts or basic expressions. After all, when the doctor doesn't speak English, you need to keep your descriptions as precise as possible.

Polish health care (Narodowy Fundusz Zdrowia – NFZ) is state provided. This means that if you work in Poland, your employer pays your health insurance and you have free access to hospitals and health centers. Nevertheless, the accessibility of health care contributes to huge waiting lines and a really long waiting time for your medical appointment. When it comes to foreigners, health care is directly connected to your health insurance. Thus, always remember your insurance before you decide to go abroad. For now, let's take a look at some vocabulary and basic expressions:

At the Hospital/Health Center:

Szpital – hospital

Ośrodek zdrowia – health center

Poczekalnia – waiting room

Izba przyjęć – casualty department

Szpitalny Oddział Ratunkowy (SOR) – emergency department

Karetka pogotowia / ambulans – ambulance

Karta pacjenta – medical history (chart)

Oddział chirurgiczny – surgical ward

Oddział intensywnej terapii – intensive care unit

Gabinet zabiegowy – doctor's office / treatment room

At the Doctor's Office:

Doktor / lekarz – doctor

Objawy – symptoms (objaw – symptom)

Choroby przewlekłe – chronic diseases

Choroba – disease / illness

Dolegliwość – condition

Zastrzyk – injection

Szczepionka – vaccine

Recepta – prescription

Badanie krwi – a blood test

Badanie USG – ultrasonography / USG

Prześwietlenie / rentgen – X-ray

Mieć prześwietlenie – to have an X-ray

Gips – cast / plaster cast

Ubezpieczenie zdrowotne – health insurance

Ubezpieczony / ubezpieczona – insured

Zwolnienie lekarskie – sick note

Stetoskop – stethoscope

Waga – scale

Igła – needle

Conditions:

Ból głowy – headache

Ból brzucha – stomachache

Ból zęba – toothache

Boleć – to hurt

Ból – ache / pain

Gorączka – fever / temperature

Kaszel – cough

Katar – runny nose

Ból gardła – sore throat

Przeziębienie – cold

Grypa – the flu / influenza

Grypa żołądkowa – gastric flu

Złamana ręka – broken arm

Złamana noga – broken leg

Skręcona kostka – twisted ankle

Spuchnięta kostka – swollen ankle

Siniaki – bruises

Bóle w klatce piersiowej – chest pains

Wymiotować – vomit

Nudności / mdłości – nausea

Biegunka / rozwolnienie – diarrhea

Wysypka – rash

Cukrzyca – diabetes

Uczulony na – allergic to

Ciśnienie krwi – blood pressure

Zatrucie pokarmowe – food poisoning

Boli mnie głowa. – I have a headache.

Boli mnie brzuch. – I have a stomachache.

Mam wysoką gorączkę. – I have a high temperature.

Choruję na cukrzycę. – I have diabetes.

Boli mnie. – I am in pain.

Jestem uczulony / uczulona na laktozę. – I am allergic to lactose.

Jestem przeziębiony / przeziębiona. – I have a cold.

Mam kaszel i katar. – I have a runny nose and a terrible cough.

Złamałem / złamałam nogę. – I have broken my leg.

Złamałem / złamałam rękę. – I have broken my arm.

Skręciłem / skręciłam kostkę. – I have twisted my ankle.

Miałem / miałam wypadek. – I have had an accident.

Chyba mam grypę. – I think I have the flu.

Mam wysokie ciśnienie. – I have high blood pressure.

Wymiotowałem / wymiotowałam cały dzień. – I have been vomiting all day long.

Mam biegunkę. – I have diarrhea.

Kręci mi się w głowie – I feel dizzy.

Medical Advice:

Proszę usiąść. – Please, have a seat.

Co Panu / Pani dolega? – What's the matter?

Czy ma Pan / Pani ubezpieczenie? – Do you have health insurance?

Czy bierze Pan / Pani jakieś leki? – Are you on any medication?

Czy pali Pan / Pani papierosy? – Do you smoke cigarettes?

Czy może Pan / Pani opisać objawy? – Could you describe the symptoms?

Od jak dawna ma Pan / Pani te objawy? – How long have you had these symptoms?

Zmierzę Panu / Pani temperature. – I am going to check your temperature.

Proszę się rozebrać. / Proszę zdjąć ubranie. – Take your clothes off, please.

Proszę otworzyć usta – Open your mouth, please.

Musi Pan / pani zostać w łózku. – You have to stay in bed.

Operacja jest jedyną opcją. – Operation seems to be the only option.

Musi Pan / pani zostać w szpitalu. – You need to stay in the hospital.

Oto recepta. – Here's your prescription.

Proszę brać ten lek dwa razy dziennie. – You need to take this medicine twice a day.

Wyniki testu są pozytywne. – The results of the test are positive.

Muszę przepisać antybiotyk. – I need to prescribe an antibiotic.

At the Chemist's

It is important to know that, in Poland, there are many different kinds of medicines available without a prescription. Sometimes you can even buy some serious painkillers without having to go to the doctor. You can easily buy pain pills, sleeping pills, headache tablets and many more. Despite the fact that Poland offers easy access to some drugs, it is advisable to have at least a first aid kit because safety is a number one issue you need to consider while going on a trip. Anyway, let's take a look at some popular medicine:

Tabletki na ból głowy – headache tablets

Lekarstwo na przeziębienie – cold remedy

Tabletki przeciw chorobie lokomocyjnej – motion sickness pills

Tabletki nasenne – sleeping pills

Lekarstwo na trawienie – stomach powder / indigestion remedy

Syrop na kaszel – cough syrup

Krople do oczu – eye drops

Krople do nosa – nose drops / nasal drops

Krople żołądkowe – stomach drops

Lek przeciwgorączkowy – antipyretic drug

Bandaż / opatrunek – dressing

Woda utleniona – hydrogen peroxide

Rękawiczki medyczne – medical gloves

Leki antydepresyjne – antidepressants

Leki przeciwgorączkowe – antipyretics

Antybiotyki – antibiotics

Leki uspokajające – tranquilizers

Buying Clothes and Shoes

In Poland, you will find many small clothing shops and shoe shops, as well as some bigger franchises such as H&M and Zara. Usually, the well-known stores can be found in shopping malls in some bigger cities. When it comes to shopping centers, they are quite popular in Poland. One of the biggest shopping malls in Europe can be found in Poznań (the mall is called *Posnania*). Let's take a look at some vocabulary:

Basic Pieces of Clothing:

Bluzka z krótkim rękawem / T-shirt – T-shirt

Koszula – shirt

Bluzka – blouse

Sweter – sweater

Bluza – sweatshirt

Podkoszulek – undershirt

Kurtka / marynarka / żakiet – jacket

Płaszcz – coat

Kamizelka – waistcoat

Garnitur – suit

Spodnie – trousers

Dżinsy / Jeansy – jeans

Spódniczka – skirt

Sukienka – dress

Sukienka mini – mini dress

Sukienka midi – midi dress

Długa sukienka / suknia – long dress

Bielizna – Underwear:

Majtki – pants

Stanik / biustonosz – bra

Skarpetki – socks

Bokserki – boxershorts

Rajstopy – tights

Podkolanówki – tube socks / knee-socks

Kalesony – underdrawers

Odzież zimowa – Winter Clothes:

Szal – scarf

Rękawiczki – gloves

Czapka zimowa – winter hat

Komin – infinity scarf

Kurtka zimowa – winter jacket

Kominiarka narciarska – ski mask

Gogle narciarskie – ski goggles

Spodnie narciarskie – ski pants

Kurtka narciarska – ski jacket

Odzież letnia – Summer Clothes:

Szorty / krótkie spodnie – shorts

Strój kąpielowy – swimsuit

Jednoczęściowy strój kąpielowy – one-piece swimsuit

Dwuczęściowy strój kąpielowy – two-piece swimsuit

Pareo – pareo / pareau (wrap-around skirt)

Kapelusz przeciwsłoneczny – sun hat

Buty – Shoes:

Trampki / Adidasy – gym shoes / sneakers

Sandały – sandals

Kozaki – moon boots / winter shoes

Mokasyny – moccasin

Buty na obcasie – high-heeled shoes / high heels

Buty na koturnie – wedge heels

Półbuty – casual shoes

Buty do wspinaczki – climbing boots

Buty do tańca – dancing shoes

Kapcie – slippers

Klapki / japonki – flip-flops

Balerinki / płaskie buty – flat shoes

Dodatki – Accessories:

Okulary – glasses

Okulary przeciwsłoneczne – sunglasses

Torebka – bag

Torba na zakupy – shopping bag

Czapka z daszkiem – cap

Kapelusz – hat

Pasek – belt

Zegarek – watch

Szelki – braces / suspenders

Krawat – tie

Mucha – bow tie

Portfel – wallet

Kopertówka – clutch bag

Plecak – backpack

Torba na laptopa – laptop bag

Chustka – handkerchief

Biżuteria – Jewelerry:

Kolczyki – earrings

Naszynik – necklace

Bransoletka – bracelet / wristband

Bransoletka z wisiorkiem – charm bracelet

Wisiorek – pendant

Broszka – brooch / pin

Spinki do mankietów – links

Kolczyk do nosa – nose ring

Kolczyk na języku – tongue stud

Kolory – Colors:

Biały – white

Czarny – black

Niebieski – blue

Granatowy – navy

Szary – gray

Czerwony – red

Zielony – green

Żółty – yellow

Pomarańczowy – orange

Fioletowy – violet / Purple

Różowy – pink

Brązowy – brown

Beżowy – beige

Kremowy – creamy

Złoty – gold

Srebrny – silver

Kolorowy – colorful

Bezbarwny – colorless

Przeźroczysty – transparent

Wzory – Patterns:

W paski / pasiasty – striped

W kratę – checkered

W kwiaty – floral

W kropki / w grochy / w groszki – spotted / dotted

Cekinowy – sequin

Koronkowy – lacy / lacey

Lśniący / świecący – shiny

Brokatowy / błyszczący – glittery

Matowy – matt / dull

Materiał – Fabric:

Skórzany – leather

Dżinsowy – denim

Sztuczna skóra / skaja – artificial leather

Wełniany – woolen

Bawełniany – cotton

Miękki – soft

Szorstki – coarse

Jedwabny – silken

Satynowy – satin

W sklepie – At the Store:

Przymierzalnia – fitting room / dressing room

Przymierzać coś – to try something on

Wieszak na ubrania – clothing rack

Kolekcja zimowa / wiosenna – winter / spring collection

Modny – fashionable / trendy

Wystawa – display

Okazja – bargain

Cena okazyjna – bargain price

Karta podarunkowa / karta upominkowa – gift card

Reklamacja – consumer complaint

Zwrot – return

Zwrot pieniędzy – refund

Rozmiar – size

Dzień dobry, czy mogę to przymierzyć? – Hello, can I try this on?

Przepraszam, gdzie jest przymierzalnia? – Excuse me, where is the fitting room?

Chciałbym / chciałabym przymierzyć te buty. – I would like to try on these shoes.

Chciałbym / chciałabym zobaczyć tę bluzkę z wystawy. – I would like to see that shirt you have on display.

Jaki rozmiar Pan / Pani nosi? – What size do you take?

Noszę rozmiar 36. – I take a size 36.

Czy mógłby Pan / mogłaby Pani pomóc mi zapiąć ten zamek? – Could you help me with this zip?

Nie jestem pewnien / pewna czy te buty pasują do tych spodni. – I am not sure if these shoes match these trousers.

Ta bluzka mi nie pasuje. Rękawy są za długie. – This T-shirt doesn't suit me well. The sleeves are too long.

Przepraszam, ale te buty są dla mnie zbyt drogie. – I'm sorry, but these shoes are too expensive for me.

Może to Pan/Pani zapakować to jako prezent? – Could you gift wrap it for me?

Czy są większe rozmiary? – Do you have it in a bigger size?

Czy są mniejsze rozmiary? – Do you have it in a smaller size?

Czy macie tę rzecz również w kolorze czarnym? – Do you have it in black?

Z jakiego materiału są te buty? – What fabric are these shoes made of?

Czy mogę dostać większy rozmiar tych butów? – Can I have a bigger size of these shoes?

Ile kosztują te spodnie? – How much do these trousers cost?

Books and Stationery

If you are a bookworm, you will probably want to buy at least one book in Polish, despite how advanced your knowledge is of the Polish language. If you are not into books, you will probably search for at least a decent guidebook or a city plan. It is important to know that there are many bookshops in Polish cities. At every shopping center, there is at least one bookshop that offers not only books but also stationery, board games, and souvenirs. The most famous bookshop in Poland is *Empik*.

Books:

Książka – book

Powieść – novel

Literatura piękna – fiction

Literatura faktu – non-fiction

Literatura dziecięca – children's literature

Przewodnik turystyczny / przewodnik – guidebook

Mapa – map

Plan miasta – a town map – city plan

Bajki dla dzieci – storybooks

Stationery:

Zeszyt / notatnik – notebook

Długopis – pencil

Ołówek – pen

Kredki – colored pencils

Flamaster / pisak – marker pen

Gumka do mazania – rubber / eraser

Temperówka – pencil sharpener

Spinacz do papieru – paper clip

Teczka – file / folder

Taśma klejąca – sticky tape

Przepraszam, czy mógłby Pan / mogłaby Pani powiedzieć mi gdzie jest dział z książkami dla dzieci? – Excuse me, could you tell me where the children's literature section is?

Który przewodnik Pan / Pani poleca? – Which guidebook do you recommend?

Czy mógłby Pan / czy mogłaby Pani pokazać mi gdzie są przewodniki i mapy? – Could you show me where the guidebooks and maps are?

Dzień dobry, chciałbym / chciałabym kupić mapę. – Hello, I would like to buy a map.

Przepraszam, czy kupię tutaj zeszyt? – Excuse me, do you sell notebooks?

Czy mógłby Pan / mogłaby Pani doradzić który plan miasta powinienem / powinnam wziąć? – Could you tell me which city plan should I take?

Czy macie zniżki na książki? – Do you have a discount on books?

Czy dostanę tutaj przewodnik po angielsku? – Do you sell English guidebooks?

Chciałbym / chciałabym kupić ten przewodnik. – I would like to buy this guidebook.

Tourist Information Center/Sightseeing

If you go on a trip to Poland, a tourist information center is one of the places that you should visit on your first day. Keep in mind that Internet sources may contain only some basic information about the place you want to visit or they may not be reliable. A local guide, however, may provide you not only with some detailed guidance but also with the latest news about what is going on in the area. In each bigger city, there is at least one tourist center that is usually available from 9:00 am to 5:00 pm. The staff may give you free guidelines, answer all your questions and offer some trips organized by the local travel agencies. If you don't speak Polish very well, don't worry— the staff will probably speak very good English. Nevertheless, using your target language in real situations is always a good opportunity to face some linguistic challenges and to learn something new. Here is some essential vocabulary:

Centrum informacji turystycznej – tourist center

Punkt informacji turystycznej – tourist information center

Przewodnik – guide

Przewodnik turystyczny – guidebook

Mapa – map

Plan miasta – city plan

Biuro podróży – travel agency

Rezydent turystyczny – holiday representative

Wycieczka – trip

Wycieczka jednodniowa – day trip

Wycieczka autokarowa – coach trip

Zwiedzanie – tour

Zwiedzanie z przewodnikiem – guided tour

Zwiedzać – to do sightseeing

Wycieczka zorganizowana – organized trip

Zwiedzanie miasta – city tour

Opłata za wstęp – entrance fee

Miejsce zbiórki – assembling point

Czas wolny – free time

Places To Visit In A Town:

Stare miasto – Old town

Kamienice zabytkowe – old tenement buildings

Pomnik – monument

Ratusz – town hall

Ratusz Staromiejski – Old Town Hall

Budynek zabytkowy – heritage building

Pomnik zabytkowy – ancient monument

Budynek sejmu – parliament building

Muzeum – museum

Muzeum nauki – science museum

Muzeum historyczne – history museum

Muzeum narodowe – national museum

Muzeum wojskowe – military and war museum

Muzeum na powietrzu – open-air museum

Galeria sztuki – art gallery

Wystawa – exhibition

Park – park

Most – bridge

Promenada – promenade

Deptak – pedestrian zone / pedestrian street

Kościół – church

Bazylika – basilica

Dzień dobry, chciałbym / chciałabym wziąć udział w tej wycieczce.
– Hello, I would like to take part in this trip.

Czy mógłby Pan / mogłaby Pani polecić mi ciekawe miejsca do zobaczenia? – Could you recommend me some places to visit here?

Czy mógłby Pan / mogłaby Pani polecić mi ciekawe miejsca, które można zwiedzić za darmo? – Could you recommend me some places that are for free?

Czy mogę tutaj robić zdjęcia? – Can I take pictures here?

Robienie zdjęć jest tutaj niedozwolone. – Taking pictures is not allowed here.

W tym museum robienie zdjęć z lampą błyskową jest zabronione. – Flash photography is not allowed in this museum.

Co warto tutaj zobaczyć? – What places are worth seeing here?

Jakie restauracje Pani / Pan poleca? – What restaurants do you recommend?

Czy ta wycieczka wymaga dużo chodzenia? – Does this trip require a lot of walking?

Czy mógłby Pan / mogłaby Pani pokazać ten punkt na mojej mapie? – Could you show me this point on my map?

Czy mogę rozmawiać z rezydentem turystycznym? – Can I speak with the holiday representative?

Co muszę zabrać ze sobą? – What do I need to take with me?

Ile mamy wolnego czasu? – How much free time do we have?

Czy tutaj płaci się za wstęp? – Is there an entrance fee here?

Jakie wycieczki jednodniowe mają Państwo w ofercie? – What kinds of day trips do you offer?

Czy ta wycieczka jest z przewodnikiem? – Is that a guided tour?

Chciałbym / chciałabym zrezygnować z tej wycieczki. – I would like to cancel my participation in this trip.

Wycieczka była świetna, dziękuję! – The trip was awesome, thank you!

If you are going to visit one of the biggest Polish cities, you may consider either sightseeing on your own or taking part in a guided tour. There are many options available; all you need to do is to go to the tourist center or a local travel agency and ask about their offer. If you don't feel confident enough with your Polish, you can always choose the option with an English-speaking guide. A guided tour may be the best option if you want to learn some history. Exploring on your own will give you some freedom and enable you to visit some less-known places in the area.

At the Bank/Exchange Office

Although most of the transactions nowadays are made using Internet resources, some activities can be done only in the actual building of the bank. Many different banks in Poland offer ATMs and CDM machines around the clock.

As far as exchange offices are concerned, you will find them in airports, shopping centers, on and near the Polish borders, and in the town centers.

At the Bank:

Bank – bank

Wypłata pieniędzy – cash withdrawal

Wypłacać – withdraw

Gotówka – cash

Karta kredytowa – credit card

Karta zbliżeniowa – tap-and-go card / proximity card

Pieniądze – money

Czek – cheque

Wpłata – deposit

Wpłacać – to deposit

Konto bankowe – bank account

Konto oszczędnościowe – savings account

Oszczędności – savings

Przelew bankowy – bank transfer

Przelew krajowy – domestic transfer

Debet – debit / overdraft

Bankomat – ATM / cash machine

Wpłatomat – CDM / cash deposit machine

Potwierdzenie zapłaty – payment confirmation

Transakcja finansowa – financial transaction

Historia transakcji – transaction history

Kredyt – credit / loan

Kredyt studencki – student loan

Kredyt hipoteczny – mortgage

Kredyt konsumpcyjny – consumer credit

Pożyczka – loan

Dług – debt

Rata – installment

Odsetki – interest

Lokata – deposit / investment

Stopa procentowa – interest rate

Podatek – tax

Podatek dochodowy – income tax

Podatek VAT – VAT / value-added tax

Faktura – invoice

Umowa – agreement / contract

Dzień dobry, chciałbym / chciałbym otworzyć konto bankowe. – Hello, I would like to open a new bank account.

Dzień dobry, oczywiście. Potrzebuję Pana / pani dowód osobisty. – Hello, of course. I need your ID.

Chciałby Pan / chciałaby Pani otworzyć zwykłe konto bankowe czy konto oszczędnościowe? – Would you like to open a regular bank account or a savings account?

Dzień dobry, chciałbym / chciałabym wpłacić pieniądze na moje konto. – Hello, I would like to deposit some cash.

Dzień dobry chciałbym / chciałabym wypłacić pieniądze z mojego konta. – Hello, I would like to withraw some cash from my account.

Ile pieniędzy chciałby Pan / chciałaby Pani wpłacić? –How much money would you like to deposit?

Ile pieniędzy chciałby Pan / chciałaby Pani wypłacić? – How much money would you like to withdraw?

Dzień dobry, chciałbym / chciałabym wziąć kredyt konsumpcyjny. – Hello, I would like to take consumer credit.

Przepraszam, gdzie jest najbliższy bankomat? – Excuse me, where is the nearest ATM machine?

Dzień dobry, mam problem z moją kartą bankową. – Hello, I have a problem with my payment card.

Dzień dobry, co dokładnie się dzieje? – Hello, what exactly is happening with the card?

Bankomat nie akceptuje mojej karty. – The ATM doesn't accept my card.

Bankomat połknął moją kartę. – The ATM machine swallowed my card.

Bankomat nie chce wydać mi gotówki. – The ATM machine doesn't want to withdraw my money.

Dzień dobry, chciałbym / chciałaby otworzyć konto oszczędnościowe – Hello, I would like to open a savings account.

At the Exchange Office:

Although Poland is a member of the European Union (EU), it does have its own currency—Polish złoty. Most of the European countries have already accepted the universal currency—the Euro.

Kantor wymiany walut – currency exchange / exchange office

Waluta – currency

Kurs wymiany walut – exchange rate

Bieżący kurs – current rate of exchange

Waluta krajowa – national currency

Wymienić – exchange

Kupić – buy

Sprzedać – sell

Przewalutować – convert a currency

Złoty Polski – Polish zloty

Euro – Euro

Funt brytyjski – British pound

Dolar amerykański – US dollar

Hrywna ukraińska – Ukrainian hryvnia

Korona czeska – Czech koruna

Korona norweska – Norwegian krone

Korona szwedzka – Swedish krone

Forint węgierski – Hungarian forint

Dolar kanadyjski – Canadian dollar

Dolar australijski – Australian dollar

Jen japoński – Japanese yen

Rubel rosyjski – Russian rouble

Rupia indyjska – Indian rupee

Real brazylijski – Brazilian real

Lira turecka – Turkish lira

Kryptowaluta – a cryptocurrency

Bitcoin – Bitcoin

Dzień dobry, chciałbym / chciałabym wymienić moje pieniądze. – Hello, I would like to exchange my money.

Dzień dobry, jaki jest kurs dolara? – What is the US dollar's exchange rate?

Przepraszam, gdzie znajdę kantor wymiany walut? – Excuse me, where can I find the exchange office?

Dzień dobry, chciałbym wymienić moje dolary na złote. – Hello, I would like to exchange my dollars to Polish zloty.

Dzień dobry, ile dolarów chciałby Pan / chciałaby Pani wymienić? – Hello, how much dollars would you like to exchange?

Chciałbym / chciałabym wymienić 500 dolarów. – I would like to exchange 500 US dollars.

Oczywiście, bieżący kurs wymiany to 3,76. – Of course, the current exchange rate today is 3,76.

Przepraszam, czy mogę tutaj wymienić jen japoński na Polski złoty? – Excuse me, can I exchange here Japanese yen to Polish zloty?

Niestety, nie posiadamy jenów japońskich. – I'm sorry, we don't have Japanese yen.

Dzień dobry, czy mogę tutaj wymienić kryptowaluty? – Hello, can I exchange cryptocurrencies here?

Dzień dobry, niestety nie akceptujemy kryptowalut. – Hello. I am sorry, we don't accept cryptocurrencies here.

Dzień dobry, akceptujemy tylko Bitcoin. – Hello, we accept only Bitcoin.

Entertainment

A good trip consists of sightseeing and some entertainment. If you go on a trip on your own, it is up to you how you spend your time. Thus, keep in mind that Polish cities offer plenty of opportunities to enjoy in your free time. Moreover, the nightlife is amazing.

At the Cinema

Cinemas are quite popular in Poland. Cities such as Warsaw, Cracow or Poznan contain at least ten different cinemas, and some smaller cities offer at least one. The tickets usually are more expensive on weekends, so if you want to choose the cheapest way, go to the cinema on Wednesday or Thursday. Sometimes, tickets on weekends can cost twice as much!

Kino – cinema

Film – film / movie

Film akcji – action film

Thriller – thriller

Komedia romantyczna – romantic comedy

Komedia – comedy

Horror – horror film

Film historyczny – historical film

Film przygodowy – adventure film

Film science fiction – science-fiction film

Musical / film muzyczny – musical

Sala kinowa – screening room

Miejsce – seat

Rząd – row

Ekran – screen

Bar przekąskowy – snack bar

Popcorn – popcorn

Zimne napoje – cold beverages

Bilet do kina – cinema ticket

Dzień dobry, poproszę dwa blilety. – Hello, two movie tickets, please.

Jaki film chciałby Pan / chciałaby Pani obejrzeć? – Which film would you like to see?

Chciałbym / chciałabym obejrzeć ten film. – I would like to see this film.

Proszę wybrać swoje miejsce. – Please, choose your seat.

Czy te dwa miejsca są wolne? – Are these two seats free?

Przykro mi, te miejsca nie są już wolne. – I'm sorry, these two are not available.

Czy mogę zabrać jedzenie i napoje na salę? – Can I take food and drink to the screening room?

Może Pan / Pani zabrać tylko jedzenie i picie zakupione w naszym barze. – You can take the food and beverages from our snack bar.

Przepraszam, gdzie jest bar z przekąskami? – Excuse me, where is the snack bar?

Dzień dobry, chciałbym / chciałabym kupić dwa duże popcorny. – Hello, I would like to buy two large popcorns.

Dobrze, czy coś do picia? – Okay, would you like something to drink?

Poproszę dwie duże cole. – Two large cokes, please.

Przepraszam, gdzie jest sala numer 8? – Excuse me, where is room number 8?

Prosimy o wyłączenie telefonów. – Please, switch off your phones.

Nagrywanie filmów jest zabronione. – Recording is not allowed.

At the Theater/Opera

Although theaters are not that popular when compared to previous decades, you can still enjoy some places that are worth visiting. Theaters in Poland can be found in cities such as Warsaw, Krakow, etc.

Teatr – theater

Teatr muzyczny – musical theatre

Sztuka – play

Spektakl / przedstawienie – performance

Występować – perform

Aktor / aktorka – actor

Główna rola – lead / major role

Balet – ballet

Balet klasyczny – classical balet

Kurtyna – curtain

Rekwizyt – prop / stage prop

Scena – stage

Opera – opera

Opera – opera house

Operetka – operetta

Musical – musical

Chór – choir

tancerz / tancerka – dancer

śpiewak operowy – opera singer (masculine)

śpiewaczka operowa – opera singer (feminine)

Dzień dobry, czy są jeszcze bilety na tę sztukę? – Hello, are tickets for this play still available?

Dzień dobry, zostało jeszcze kilka biletów. – Hello, there are only a few tickets left.

Chciałbym / chciałabym trzy bilety na tę sztukę. – I would like to buy three tickets for this play.

Oczywiście, proszę wybrać miejsca. – Of course, please, choose your seats.

Które miejsca są dostępne? – Which seats are free?

Wolne miejsca są tylko w ostatnim rzędzie. – The only free seats are in the last row.

Sztuka rozpoczyna się o godzinie 19:00. – The play starts at 7 PM.

Dzień dobry, chciałbym / chciałabym kupić cztery bilety na tę operę. – Hello, I would like to buy four tickets for this opera.

Oczywiście, czy chciałby Pan / chciałaby Pani miejsce normalne czy w sekcji VIP? – Of course, would you like to book regular seats or seats in the VIP section?

Chciałbym / chciałabym zarezerwować normalne miejsca. – I would like to book regular seats.

O której godzinie rozpoczyna się opera? – What time does the opera start?

Opera rozpoczyna się o godzinie 20:00. – The opera starts at 8 PM.

Nightlife

If you decide to stay in a big city, you will have the opportunity to enjoy the nightlife. There are plenty of night clubs, pubs and good parties in each city in Poland. Moreover, parties do not finish at 2:00 AM or 3:00 AM. Polish night clubs are usually open till morning, that is 6:00 AM or even 7:00 AM. In Poland, you can party all night long.

Nocne życie – nightlife

Klub nocny / klub – night club

Klub muzyczny – music club

Bar / pub – bar / pub

Dyskoteka – disco

Barman – barman / bartender

Barmanka – barmaid / bartender

Parkiet – dance floor

Tańczyć – dance

Muzyka – music

Karaoke – karaoke

Śpiewać – sing

Imprezować – party

Spędzać czas z przyjaciółmi – spend time with friends

Zespół muzyczny – music group

DJ / didżej – DJ / club DJ

Drink / koktajl – cocktail

Loża VIP – VIP lounge

Ochroniarze – security guards

Cześć, chciałbym / chciałabym zamówić dwa koktajle. – Hi, I would like to buy two cocktails.

Oczywiście, jakie drinki? – Of course, which drinks?

Poproszę dwa z owocami. – I would like two drinks with some fruit.

Oczywiście. Czy mam dorzucić kostki lodu? – Of course. Would you like some ice cubes?

Tak, poproszę. – Yes, please.

Cześć, czy mogę prosić o kartę napojów? – Hi, can I have a cocktail menu?

Cześć, oto karta napojów. – Hi, here is the cocktail menu.

Przepraszam, o której startuje impreza? – Excuse me, what time does the party start?

Dobry wieczór, chciałbym / chciałabym zamówić lożę VIP dla 9 osób. – Hello, I would like to book a VIP lounge this night for nine people.

Oczywiście, to będzie 200 zł. – Of course, that will be 200 zł.

At the Swimming Pool/SPA

Sightseeing that requires long hours of walking and eating street food may be tiring. Thus, going swimming or relaxing in a sauna may be the best idea at the end of a day full of different activities. If you decide to stay for a couple of days or even a week, consider dedicating one whole day to relaxing and resting.

Basen / pływalnia – swimming pool

Akwapark / aquapark – water park

Pływać – swim

Basen kryty – indoor swimming pool

Basen odkryty – outdoor swimming pool

Ręcznik kąpielowy – bath towel

Kółko do pływania – swim ring

Deska do pływania – swimming board

Pływaczki – armbands

Ratownik – life guard

Strój kąpielowy – swimsuit

Przebieralnia – changing room

Przebieralnia damska – women's changing room

Przebieralnia męska – men's changing room

Sauna – sauna

Uzdrowisko / spa – spa

Ośrodek odnowy biologicznej – health spa

Masaż – massage

Masaż twarzy – face massage

Zabieg – treatment

Jacuzzi – hot tub / jacuzzi

Dzień dobry, chciałbym / chciałabym kupić dwa bilety na basen. – Hello, I would like to buy two swimming pool tickets.

Oczywiście, dwa bilety normalne? – Of course, two normal tickets?

Jeden bilet normalny i jeden bilet studencki. – One normal ticket and one student ticket.

Czy mogę zobaczyć Pana / Pani legitymację studencką? – May I see your student ID?

Ok, to będzie razem 25 złotych. – Okay, that will be 25 zł.

Przepraszam, gdzie jest damska przebieralnia? – Excuse me, where is the women's changing room?

Czy mogę zabrać tę deskę do pływania? – Can I take this swimming board?

Oczywiście, może Pan / Pani zabrać deskę, ale musi ją Pan / Pani zwrócić ratownikowi przy wyjściu. – Of course, you can take the swimming board but you need to return it to the lifeguard when you decide to leave.

Czy korzystanie z sauny jest wliczone w cenę? – Is the sauna included?

Niestety, sauna wymaga kupienia osobnego biletu. – Unfortunately, using the sauna requires buying a different ticket.

Ile kosztuje korzystanie z sauny? – How much is it for the sauna?

Jedna minuta kosztuje 50 groszy. – One minute spent in the sauna costs 50 groszy.

Ile kosztuje zabieg manicure? – How much is it for the manicure?

Manicure kosztuje 30 zotych. – The manicure costs 30 złotych.

Czy na basenie jest jacuzzi? – Is there a jacuzzi in the swimming pool?

Czy dzieci mogą korzystać z dużego basenu? – Can children swim in the big pool?

Niestey, tylko dorośli mogą pływać w dużym basenie. – I'm sorry, only adults can swim in the big pool.

Going to the Gym

Due to the popularization of a healthy lifestyle, going to the gym even on vacation has become a standard nowadays. If you are a fit lifestyle lover and you don't want to skip your workout while going on holidays, you can, of course, choose the gym that is available at the place of your stay. A healthy lifestyle has become really trendy in Poland; thus, in some cities, there are many options you can choose from.

Siłownia – gym

Karnet na siłownię – gym membership

Trening – workout

Trening kondycyjny – circuit training

Trening siłowy – strength training

Ćwiczenia – exercises

Z przerwami – intervals

Bieżnia stacjonarna / bieżnia – treadmill

Orbitrek – elliptical trainer / cross-trainer

Rower stacjonarny – exercise bicycle

Przyrząd do ćwiczeń siłowych – weight machine

Trening cardio – cardio workout

Podnoszenie ciężarów – weightlifting

Aerobik – aerobics

Mata do ćwiczeń – workout mat

Brzuszki – sit-ups

Przysiady – squats

Pompki – press-ups / push-ups

Hula hop – hula hoop

Skakanka – skipping rope

Ćwiczenia gimnastyczne – keep fit exercises

Strój na siłownię – gym clothes

Leginssy na siłownię – gym leggings

Dzień dobry, chciałbym / chciałabym kupić jeden bilet na siłownię. – Hello, I would like to buy one gym ticket.

Dzień dobry, czy chciałby Pan / chciałaby Pani kupić karnet na siłownię? – Hello, would you like to buy our gym membership?

Nie, dziękuję. – No, thanks.

Jakie urządzenia znajdują się na siłowni? – What machines does your gym have?

Mamy bieżnie, rowerki stacjonarne, przyrządy do ćwiczeń siłowych i wiele innych. – We have treadmills, exercise bicycles, weight machines, and many more.

Czy wasza siłownia ma zniżki dla studentów? – Does your gym offer discounts for students?

Tak, studenci mają 10 % zniżki. – Yes, there is a special 10% off discount for students.

Czy wasza siłownia ma w ofercie treningi z trenerem personalnym? – Does your gym offer workouts with a personal trainer?

Tak, może Pan / Pani skorzystać z treningu z trenerem personalnym. – Yes, you can choose the workout with a personal trainer.

Ile kosztuje jedna godzina treningu z trenerem personalnym? – How much does one hour with a personal trainer cost?

Jedna godzina treningu z trenerem personalnym kosztuje 50 zł. – A one-hour workout with a personal trainer costs 50 zł.

Przepraszam, gdzie jest męska szatnia? – Excuse me, where is the men's changing room?

Szatnia męska jest na końcu korytarza po prawej stronie. – The men's changing room is at the end of the corridor on the right.

Going to the Park

Despite the season, Polish parks always look beautiful. They look especially amazing during early autumn (September, October) when the leaves start to turn red, yellow, and orange. The first weeks of autumn in Poland are called "the golden Polish autumn" since the colors of the trees and bushes look wonderful. If you decide to go on a trip to Poland in September or October, remember to go to the park for a long walk. These beautiful colors will make you feel delighted.

Park – park

Spacer – walk

Przechadzka – stroll

Spacerować – walk

Drzewo – tree

Staw – pond

Ławka – bench

Fontanna – fountain

Ścieżka / aleja – alley

Kwiaty – flowers

Liście – leaves

Krzewy – bushes

Krzewy różnane – rose bushes

Oranżeria – hothouse / orangery

Trawnik – lawn / grass

Miejsce piknikowe – picnic area

Kosz na śmieci – waste bin

Plac zabaw – playground

Huśtawka – swing

Karuzela – roundabout / carousel

Zjeżdżalnia – playground slide

Ptaki – birds

Kaczka – duck

Łabędź – swan

Wiewiórka – squirrel

Róża – rose

Dąb – oak tree

Klon – maple tree

Świerk – spruce

Sosna – pine tree

Kasztanowiec – chestnut tree

Żołędzie – acorns

Kasztany – chestnuts

Przepraszam, gdzie jest plac zabaw? – Excuse me, where is the playground?

Czy w tym parku są miejsca piknikowe? – Are there any picnic areas in this park?

Czy mogę rozpalić grilla w strefie piknikowej? – Can I have a barbecue in the picnic area?

Tak, grillowanie jest dozwolone w strefie piknikowej. – Yes, having a barbecue is allowed in the picnic area.

Tak, miejsce piknikowe jest obok placu zabaw. – Yes, the picnic area is next to the playground

Czy można tutaj przyjść z psem? – Are dogs allowed here?

Przepraszam, nie może Pan / Pani spacerować tutaj z psem. – I'm sorry, you can't walk your dog here.

Przepraszam, spacerowanie po tym trawniku jest zabronione. – I'm sorry, walking on this lawn is not allowed.

Przepraszam, wchodzenie do fontanny jest zabronione. – I am sorry, walking into the fountain is not allowed.

Going to the Church

Poland is a Catholic country; almost 90 percent of its citizens are Catholic, and at least one church can be found even in a small village. Surprisingly enough, there are around 10,000 churches in the whole country! If you decide to visit Poland, you should definitely see at least one church—whatever your religion might be. Churches that can be found in the old town areas are the most precious pieces of architecture because some of them were built during the Renaissance or even the Middle Ages! It is important to know that you don't have to take part in a mass to visit a church—you can just walk inside the building and admire the architecture. Some of the churches even have special tourist zones.

Kościół – church

Bazylika – basilica

Kościół katolicki – Catholic church

Parafia – parish

Ławka kościelna – pew

Ołtarza – altar

Ambona – pulpit

Msza święta – church service / mass

Organy – organ

Ksiądz – priest

Zakonnica – nun

Zakonnik – monk

Organista – organist

Rzeźba – sculpture

Ofiara – collection (collecting money)

Prezbiterium – chancel / presbytery

Dzwonnica – bell tower

Kaplica – chapel

Dzwon – bell

Wieża kościelna – church tower

Cmentarz – cemetery / churchyard

Przepraszam, o której godzinie jest kolejna msza święta? – Excuse me, what time does the next mass begin?

Czy mogę robić zdjęcia w środku kościoła? – Can I take pictures inside the church?

Czy mogę wejść na wieżę kościelną? – Can I climb up the church tower?

Przykro mi, wieża kościelna nie jest dostępna dla zwiedzających. – I'm sorry, the church tower is not available for tourists.

Robienie zdjęć w kościele jest dozwolone. – Taking pictures inside the church is allowed.

Czy mogę zwiedzić ten kościół z przewodnikiem? – Are there any guided tours around the church available?

Czy wejście na wieżę kościelną jest płatne? – Do I have to pay for going up the church tower?

Niestety, ten obszar nie jest dla turystów. – I am sorry, this area is not available for tourists.

Czy mogę zobaczyć przykościelny cmentarz? – Can I see the churchyard?

Oczywiście, cmentarz przykościelny jest udostępniony dla zwiedzających. – Of course, the churchyard is available for tourists.

Buying Souvenirs

Souvenirs are, of course, the inseparable part of each trip, especially when you decide to go abroad. T-shirts, fancy mugs, fridge magnets or postcards enable you to reminisce on the beautiful memories of the places you visited. When it comes to buying souvenirs in Poland, you can find a souvenir shop basically "just around the corner" with a lot of fancy stuff. Let's take a look at some useful vocabulary:

Pamiątka z podróży – souvenir

Pamiątki z podróży – souvenirs

Sklep z pamiątkami – souvenir shop

Na pamiątkę – as a souvenir

Koszulka – T-shirt

Kubek – mug

Pocztówka – postcard

Posążek / figurka – figurine

Zapalniczka – lighter

Brelok / breloczek – key fob

Długopis – pen

Magnes na lodówkę – fridge magnet

Zabawka – toy

Książka – book

Etui na okulary – spectacle case

Etui na telefon – phone case

Dzień dobry, chciałbym / chciałabym kupić pamiątki. – Hello, I would like to buy some souvenirs.

Oczywiście, czy szuka Pan / Pani czegoś szczególnego? – Of course, are you looking for something specific?

Niekoniecznie. Co Pan / Pani poleca? – Not really. What do you recommend?

Mamy bardzo ładne kubki i magnesy. – We have some nice mugs and fridge magnets.

Dobrze, wezmę jeden kubek i jednen magnes. – Okay, I will take one mug and one fridge magnet.

Który magnes chciałby Pan / chciałaby Pani kupić? – Which magnet would you like to buy?

Wezmę ten z górami. – I will take the one with the mountains.

Dobrze, czy coś jeszcze? – Okay, anything else?

Chciałbym / chciałabym kupić pocztówkę. – I would like to buy a postcard.

Oczywiście, którą pocztówkę chciałby Pan / chciałaby Pani kupić? – Of course, which postcard would you like to buy?

Poproszę tę z morzem. – The one with the sea, please.

Jeden kubek, jeden magnes i jedna pocztówka, to będzie razem 24 złote. – One mug, one fridge magnet, and one postcard, that will be 24 złotys.

Chciałbym / chciałabym zapłacić kartą. – I would like to pay with a credit card.

Niestety, nie może Pan / Pani zapłacić tutaj kartą. Przyjmujemy tylko gotówkę. – I'm sorry, you can't pay with a credit card here. We only accept cash.

Ok, w takm razie zapłacę gotówką. Proszę. – Okay, I will pay with cash then. Here you are.

Dziękuję bardzo. Miłego dnia. – Thank you very much. Have a nice day.

Geography

Countries – kraje:

Polska – Poland

Wielka Brytania – UK / Great Britain

Stany Zjednoczone / USA – the United States / the USA

Niemcy – Germany

Francja – France

Hiszpania – Spain

Czechy – the Czech Republic

Włochy – Italy

Portugalia – Portugal

Grecja – Grecce

Holandia – the Netherlands

Belgia – Belgium

Węgry – Hungary

Słowacja – Slovakia

Ukraina – Ukraine

Turcja – Turkey

Dania – Denmark

Norwegia – Norway

Szwecja – Sweden

Finlandia – Finland

Chorwacja – Croatia

Irlandia – Ireland

Islandia - Iceland

Rosja – Russia

Chiny – China

Japonia – Japan

Australia – Australia

Brazylia – Brazil

Argentyna – Argentina

Kolumbia – Colombia

Meksyk – Mexico

Kanada – Canada

Egipt – Egypt

Izrael – Israel

Continents – kontynenty:

Ziemia – the Earth

Europa – Europe

Azja – Asia

Australia – Australia

Afryka – Africa

Antarktyda – Antarctica

Ameryyka Północna – North America

Ameryka Południowa – South America

Ameryka Środkowa - Central America

Nazwy geograficzne – place names:

Ocean Spokojny – the Pacific Ocean

Ocean Indyjski – the Indian Ocean

Ocean Atlantycki – the Atlantic Ocean

Morze Bałtyckie – the Baltic Sea

Morze Śródziemne – the Mediterranean Sea

Morze Czarne – the Black Sea

Morze Czerwone – The Red Sea

Morze Martwe – the Dead Sea

Himalaje – the Himalayas

Alpy – the Alps

Andy – the Andes

Góry Skaliste – the Rocky Mountains

Tatry – the Tatra Mountains

Karpaty – the Carpathians

Sudety – Sudetes (the Sudeten)

Amazonka – the Amazon River

Nizina Europejska – the European Plain

Jezioro Wiktorii – Lake Victoria

Bajkał – Baikal

Rów Mariański – Mariana Trench

Krajobraz – Landscape:

Morze – sea

Ocean – ocean

Jezioro – lake

Rzeka – river

Staw – pond

Wodospad – waterfall

Strumień – stream

Plaża – beach

Las – forest / woods

Łąka – meadow

Góry – mountains

Góra – mountain

Łańcuch górski – mountain range

Wyspa – island

Pole – field

Niziny – lowlands

Wyżyny – highlands

Geography – Poland

If you decide to visit a different country, do a bit of research before you arrive. It is advisable to know the basic pieces of information about the area; for example, its surface features (mountains, plains, etc.), territorial units (parishes, counties, etc.) and the environment.

The country of Poland is divided into sixteen voivodeships. Each voivodeship consists of plenty of districts, and each district consists of smaller municipal districts and county boroughs. Also, each voivodeship has its own capital city with a local government.

Polish Voivodeships:

Dolnośląskie – Lower Silesian (capital: Wrocław)

Kujawsko-Pomorskie – Kuyavian-Pomeranian (capitals: Bydgoszcz, Toruń)

Lubelskie – Lublin (capital: Lublin)

Lubuskie – Lubusz (capitals: Gorzów Wielkopolski, Zielona Góra

Łódzkie – Łódź (capital: Łódź)

Małopolskie – Lesser Poland (capital: Kraków)

Mazowieckie – Masovian (capital: Warszawa)

Opolskie – Opole (capital: Opole)

Podkarpackie – Subcarpatian (capital: Rzeszów)

Podlaskie – Podlaskie (capital: Białystok)

Pomorskie – Pomeranian (capital: Gdańsk)

Śląskie – Silesian (capital: Katowice)

Świętokrzyskie – Holy Cross (capital: Kielce)

Warmińsko-Mazurskie – Warmian-Masurian (capital: Olsztyn)

Wielkopolskie – Greater-Poland (capital: Poznań)

Zachodniopomorskie – West Pomeranian (capital: Szczecin)

When it comes to the surface features, Poland has access to the Baltic sea on the north (the coastline is 440 km long), and to the mountains on the south (with the highest mountain being Rysy at 2,499 meters). The surface altitude becomes higher and higher as you move from north to south. In Northern and Central Poland, you will find lowlands and lake districts, whereas, in Southern Poland, you will find highlands and mountains. Here are some of the most beautiful pieces of landscape that you can see in Poland:

Baltic sea – as mentioned before, Poland has a quite long coastline (440 km). The Baltic sea is rather cold, yet it makes a good impression. There are a few beautiful resorts (for example Kołobrzeg, Trójmiasto, Świnoujście) and national parks (Łeba, Wolin) that you can visit.

Tatra mountains – one of the most beautiful places in Poland! The Tatra mountains offer many mountain trails with amazing views; however, some of them are only for advanced tourists with the proper equipment. If you decide to visit the Tatra mountains, you will probably stay in Zakopane—one of the most popular tourist destinations. Remember that the road to Zakopane is always crowded; sometimes you can be stuck in a traffic jam for long hours.

Karkonosze – this is a less popular mountain range, yet it is really beautiful. If you are looking for breathtaking landscapes without many tourists, you should go to Karkonosze. Its highest mountain is Śnieżka at 1,603 meters high.

Mazury – the most beautiful lake district in Poland. If you want your holiday to be peaceful and close to nature, go to Mazury. The lakes offer many opportunities for canoeists, sailors, windsurfers, and kitesurfers.

Hel – a really thin and long peninsula that is located on the Baltic Sea. In its thinnest place, Hel peninsula is only 100 meters wide! If you are into kitesurfing and windsurfing, it is the best destination. The windy gulf of Hel will give you the best opportunity to try these sports!

Sports

Even though Poland has not had the most successful football team, Polish people have always loved football. The Poles strongly support some local teams, and what is more, Poles love watching the Champions League. Besides, Polish people love ski jumping and speedway.

When it comes to doing sports, the Poles are quite active. You can see many people jogging, walking or riding a bike if you visit a Polish city.

Sports:

Igrzyska Olimpijskie – the Olympic Games

Liga Mistrzów – Champions League

Mecz – match

Piłka nożna – football

Piłka ręczna – handball

Siatkówka – volleyball

Koszykówka – basketball

Baseball – baseball

Futbol amerykański – American football

Skok w dal – long jump

Skok wzwyż – high jump

Skok o tyczce – pole vault

Rzut oszczepem – javelin throw

Rzut młotem – hammer throw

Sprint – sprint

Kolarstwo – cycling

Żużel – speedway

Formuła 1 – Formula One / F1

Tenis – tennis

Badminton – badminton

Golf – golf

Kręgle – bowling

Żeglarstwo – sailing

Tenis stołowy – table tennis

Gimnastyka – gymnastics

Siatkówka plażowa – beach volleyball

Sztuki walki – martial arts

Boks – boxing

Łucznictwo – archery

Strzelanie – shooting

Wyścigi konne – horse racing

Winter Sports:

Jazda na nartach – skiing

Skoki narciarskie – ski jumping

Turniej Czterech Skoczni – Four Hills Tournament

Łyżwiarstwo – ice-skating

Łyżwiarstwo figurowe – figure skating

Łyżwiarstwo szybkie – speed skating

Hokej na lodzie – ice hockey

Jazda na desce – snowboarding

Saneczkarstwo – tobogganing

Bobsleje – bobsleigh

Daily Sport Activities:

Bieganie – running / jogging

Spacer z kijkami / Nordic walking – Nordic walking

Spacerowanie – walking

Jazda na rowerze – bike riding

Jazda na rolkach – rollerblading

Jazda na wrotkach – roller skating

Jazda na deskorolce – skateboarding

Jazda na skuterze wodnym – jetskiing

Jazda na motocyklu – motorcycling

Taniec – dancing

Kalistenika – calisthenics

Wspinaczka górska – climbing

Wspinaczka ściankowa – indoor climbing

Siłownia na powietrzu – outdoor gym

Joga – yoga

Aerobik – aerobics

Aerobik wodny – aquarobics

Pływanie – swimming

Kajakarstwo – canoeing

Extreme Sports:

Skok na bungee – bungee jumping

Skok ze spadochronem – parachute

Spływ górski – white-water rafting

Windsurfing – windsurfing

Szybownictwo – gliding

Nurkowanie pod lodem – ice diving

Alpinizm jaskiniowy – caving

Narciarstwo ekstremalne – extreme skiing

Alpinizm – alpinism

Himalaizm – himalaism

Sports Equipment:

Narty – ski

Deskorolka – skateboard

Rolki – rollerblades

Wrotki – skates

Rower – bike

Łyżwy – skates (for ice skating)

Motocykl – motorbike

Mata do jogi – yoga mat

Ciężarki – weights

Lina – rope

Kask rowerowy – bicycle helmet

Ochraniacze – athletic support

Strój sportowy – leisurewear

Sanki – sled

Plecak – backpack

Buty wspinaczkowe – climbing shoes

Buty do biegania – running shoes

Kamizelka ratunkowa – life jacket

Rakieta tenisowa – tennis racket

Rakieta do badmintona – badminton racket

Bolid formuły 1 – formula 1 car

Spadochron – parachute

Żaglówka – sailing boat

The Weather

Polish climate is quite moderate. This means that there are four seasons (spring, summer, autumn, and winter) in Poland and each season is completely different. Spring in Poland starts in March and ends in May / June. The temperatures during the spring are totally diversified—in March, you may need a winter coat on one day, and a T-shirt and shorts on another. Summer in Poland is rather warm. Temperatures in June / July / August and even during the first weeks of September fluctuate between 68°F / 20°C and 89.6°F / 32°C. Autumn is similar to spring, as far as temperatures are concerned, yet during the autumn the temperatures drop gradually. The winter usually starts at the end of December and ends in February. It is important to know that winters in Poland are not that cold. The temperatures fluctuate somewhere between 30.2°F / -1°C and 32°F / 0°C. The last five winters in Poland were quite mild; the lowest temperatures were reported only during a few days in January.

As far as the weather forecast is concerned, you can watch it on Polish television every day. The main forecast is shown in the evening, but many others are shown throughout the day. You can, of course, check the forecast on the Internet, or even ask Google about the weather. Keep in mind that Polish forecasts display the temperature using only the Celsius system.

Prognoza pogody – weather forecast

Pogoda – weather

Słońce – sun

Temperatura – temperature

Świecić – shine

Słonecznie – sunny

Ciepło / ciepły – warm / hot

Zimno / zimny – cold

Chmura – cloud (chmury – clouds)

Zachmurzenie – cloudiness / overcast

Lekkie zachmurzenie – light overcast

Deszcz – rain

Padać – to rain

Przelotne opady – shower

Śnieg – snow

Opady deszczu – rainfall

Intensywne opady deszczu – heavy rainfall

Opady sniegu – snowfall

Intensywne opady śniegu – heavy snowfall

Grad – hail

Mgła – fog

Mglisty / mglisto – foggy

Ograniczona widoczność – limited visibility

Śliska nawierzchnia – slippery road

Ciśnienie atmosferyczne – air pressure

Wilgotność powietrza – air humidity

Niskie ciśnienie – low pressure

Wyskie ciśnienie – high pressure

Burza – storm

Błyskawica – lightning

Grzmot – thunder

Wiatr – wind

Porywy wiatru – wind blasts

Prędkość wiatru – wind speed

Silny wiatr – high wind / strong wind

Burza z piorunami – electrical storm

Wichura – windstorm

Nadciąga wichura – a windstorm is blowing up

Huragan – hurricane

Tornado – tornado

Pówódź / zalanie – flodding

Susza – drought

Przymrozek – freeze

Szron – frost

Szadź – hard rime frost

Witamy w prognozie pogody. – Welcome to the weather forecast.

Zobaczmy co nas czeka w dzisiejszej pogodzie. – Let's see what the weather is like today.

Na północy kraju będzie dzisiaj słonecznie i ciepło. – In the north of the country, it will be sunny and warm.

Na południu kraju mogą wystąpić przelotne opady deszczu. – In the south of the country, there is a chance of showers.

W centralnej części kraju mogą wystąpić silne porywy wiatru do 55.9 m/h / 90 km/h. – In the central part of the country, there is a chance of strong wind blasts up to 55.9 m/h / 90 km/h.

Ciśnienie atmosferyczne wynosi dzisiaj 1007 hPa. – The air pressure today is 1007 hPa.

Wilgotność powietrza wynosi dzisiaj 60 percent. – The air humidity today is 60 percent.

Dziś w całym kraju będzie ciepło i słonecznie. – Today we expect sunny and hot weather in the whole country.

Dziś po południu na północy kraju mogą wystąpić burze. – In the north of the country, there is a chance of a thunderstorm in the afternoon.

Dziś będzie padać w całym kraju. – Today it will be raining in the whole country.

Temperatura w północnej części kraju nie przekroczy 77 stopni. – The temperaturę in the northern part of the country will not be higher than 77°F.

W nocy temperatura spadnie poniżej zera. The temperaturę will drop below zero during the night.

Bądźcie ostrożni! W godzinach wieczornych spodziewamy się silnych wiatrów w całym kraju. – Be careful! We expect very strong winds in the whole country during the evening hours.

At School

Although the Polish system of education seems to be similar to the English one at first glance, there are certainly some major differences. Education of an individual starts at the age of six with one year of compulsory pre-school class (in Polish it is called *the 0 class*). Of course, a child can be sent to a playground at the age of three, four or five, yet going to a playground is not compulsory.

The actual education starts at the age of seven when a child goes to the first grade of a primary school (usually the 0 class takes place in the same school). The primary education comprises eight grades and ends with a standardized state exam. Next steps of education are not compulsory, yet nearly every student decides to get "secondary/high school" education.

After finishing primary school, a student can choose high school (*lyceum*—four years) that ends with a standardized state exam (matura), high school with vocational program (*technikum*—five years) that ends with *matura* and a vocational exam or only a vocational course (*szkoła zawodowa*) that ends with a vocational exam. It is important to know that *liceum* and *technikum* can provide a student with a high school degree, provided that he or she passes the *matura* exam. The vocational course can provide a student with the so-called vocational education but no official degree. In Poland, there are private high schools, yet they aren't popular at all. Polish students choose public high schools since they provide a really good education and they are completely free.

After passing the matura exam, a student can go to university. All public universities are for free—the education is state provided. Of course, there are private universities, yet the majority of students decide to go to a public university since they offer really good educational programs. Many students that already have a job choose a part-time program that involves going to classes on Saturdays and Sundays. Unfortunately, the part-time program is not for free, even for public universities.

School Subjects:

Edukacja – education

Język polski – Polish

Matematyka – mathematics / maths

Język obcy – foreign language

Język angielski – English

Język niemiecki – German

Język hiszpański – Spanish

Geografia – geography

Historia – history

Biologia – biology

Chemia – chemistry

Fizyka – physics

Religia – religion

Wychowanie fizyczne (WF) – physical education (PE)

Muzyka – music class

Plastyka – art class

Informatyka – IT class

Godzina wychowawcza – form period / homeroom period

Zajęcia dodatkowe – extracurricular activities

Kółko zainteresowań – special interest group

Zajęcia wyrównawcze – remedial class

Gimnastyka korekcyjna – remedial exercises

Zajęcia praktyczne – practical class

Zajęcia do wyboru – elective courses

Zajęcia wychowawcze – advisory class

Zajęcia wieczorowe – night class

At School:

Nauczyciel – teacher

Uczeń – student

Dyrektor szkoły – school head teacher / school principal

Sala lekcyjna – classroom

Lekcja – lesson

Zajęcia – class

Stołówka – cafeteria / canteen

Sklepik szkolny – tuck shop

Szatnia – changing room

Sala gimnastyczna – school gym

Boisko szkolne – school playground

Sekretariat szkolny – school's secretary office

Biblioteka szkolna – school library

Czytelnia – a reading room

Sala komputerowa – IT suite

Gabinet dyrektora – head teacher's office

Woźny – caretaker

Dzwonek szkolny – school bell

Przerwa – break

Przerwa śniadaniowa – lunch break

Świetlica szkolna – afterschool club

Autobus szkolny – school bus

Wycieczka szkolna – school trip

Sprawdzian / test – test

Ocena – grade (oceny – grades)

Kartkówka – short quiz

Kartkówka ze słówek – vocabulary quiz

Egzamin państwowy – state exam

Uczyć się – to learn / to study

Uczyć się na pamięć – to learn by heart

Czytać – read

Pisać – write

Słuchać – listen

Bawić się / grać – play

Wkuwać – swot / cram

Zaliczyć / zdać test – to pass a test

Oblać test / nie zaliczyć testu – to fail a test

Pisać egzamin – to take a test

Poprawiać test – to retake a test

Egzamin poprawkowy / poprawka – retake

Dziennik lekcyjny – register

Prezentacja – presentation

Egzamin ustny – oral exam

Egzamin pisemny – written exam

Zadanie domowe – homework

Projekt – project

Praca w grupach – group work

Praca w parach – pair work

Rozmowa – conversation

Dyskusja – discussion

Burza mózgów – brainstorm

School Objects:

Podręcznik szkolny – student book

Zeszyt ćwiczeń – workbook

Książka – book

Lektura szkolna – set book

Spis lektur – reading list

Słownik – dictionary

Zeszyt – notebook

Długopis – pen

Ołówek – pencil

Flamaster – marker pen

Kredki – colored pencils

Kredki świecowe – crayons

Farby plakatowe – poster colors / poster paints

Plastelina – plasticine / play dough

Pastele – dry pastels

Pędzel – brush

Blok rysunkowy – sketch pad

Ekierka – set square / triangle

Linijka – ruler

Kątomierz – protractor

Cyrkiel – compass

Gumka do mazania – rubber / eraser

Klej w sztyfcie – glue stick

Nożyczki – scissors

Piórnik – pencil case

Plecak – schoolbag

Ławka szkolna – desk

Tablica – blackboard

Biała tablica – whiteboard

Tablica interaktywna – interactive board

Marker do tablicy – whiteboard marker

Kosz na śmieci – dustbin

Gazetka ścienna – noticeboard / bulletin board

Dzień dobry, uczniowie! – Good morning, students!

Dzień dobry, Panie / Pani … – Good morning, Mr./Mrs./Ms.

Siadajcie, proszę. – Sit down, please.

Otwórzcie podręczniki na stronie 46. – Please, open your books at page 46.

W pyszłym tygodniu odbędzie się kartkówka ze słówek. – Next week there will be a short vocabulary quiz.

Przepraszam, czy mogę wyjść do toalety? – Excuse me, can I go to the toilet?

Zadania 3, 4, 5 to zadanie domowe na przyszły tydzień. – Exercises 3, 4, 5 are homework for the next week.

Robert, czy mógłbyś wytrzeć tablicę? – Robert, could you clean the blackboard, please?

Dziś będziemy mówić o dzikich zwierzętach. – Today we will be talking about wild animals.

Czy mógłbyś to przeliterować? – Could you spell it out?

Przepraszam, gdzie jest stołówka? – Excuse me, where is the school canteen?

Przepraszam, jak dojdę do sali gimnastycznej? – Excuse me, how can I get to the gym?

O której kończy się lekcja? – What time does the lesson end?

Lekcja kończy się o godzinie 9:45. – The lesson ends at 9:45 AM.

Jakie przedmioty mamy dzisiaj? – Which classes do we have today?

Dzisiaj mamy matematykę, fizykę, informatykę, WF i geografię. – Today we have maths, physics, IT, PE, and geography.

O której godzinie odjeżdża autobus szkolny? – What time does the school bus leave?

Autobus szkolny odjeżdża o 15:00, zaraz po ostatniej lekcji. – The school bus leaves at 3:00 PM, right after the last lesson.

Dzisiejsze zajęcia są odwołane. – Today's classes have been canceled.

At the University:

Uniwersytet – University / college

Stopień naukowy – degree

Student – student

Wykładowca – lecturer

Wykład – lecture

Sala wykładowa – lecture room

Aula – lecture hall

Licencjat – bachelor's degree

Magister – master's degree

Dyplom / świadectwo – diploma

Zajęcia praktyczne – practicals

Praktykant – trainee

Praktykant w szkole – student teacher

Notatki – notes

Robić notatki – to take notes

Wygłaszać mowę – to give a speech

Przygotowywać prezentację – to prepare a presentation

Badanie – research / study

Przeprowadzać badanie – to conduct research

Wyniki badania – results of the study

Rektor uniwersytetu – college president / university president

Egzamin – exam

Sesja egzaminacyjna – exam session

Zaliczenie warunkowe – conditional promotion

Rok studiów – college level

Praca dyplomowa – thesis

Praca licencjacka – bachelor's thesis / BA thesis

Praca magisterska – master's thesis / MA thesis

Studia zaoczne – extramural studies

Studia dzienne – full-time studies

Kampus uniwersytecki – university campus

Dziekanat – deanery / dean's office

Doktorat – doctorate

Praca doktorancka – Ph.D. thesis

Absolwent – graduate

Absolutorium – graduation ceremony

Wydział – institute

Władze szkoły – school authorities

Rekrutacja – recruitment

Egzaminy wstępne – entrance exams

Wymiana studencka – student exchange program

Indeks – student book

Legtymacja studencka – student ID card

Kredyt studencki – student loan

Akademik – residence hall / dormitory

Europejski System Transferu Punktów (ECTS) – European Credit Transfer System (ECTS)

Przepraszam, gdzie znajduje się dziekanat? – Excuse me, where is the dean's office?

Dziekanat znajduje się na trzecim piętrze. – The dean's office is on the third floor.

Przepraszam, gdzie znajduje się aula C1? – Excuse me, where is the lecture hall C1?

Aula C1 jest na czwartym piętrze. – C1 is on the fourth floor.

Dzisiejsze wykłady są odwołane. – All of today's lectures have been cancelled.

Wyniki egzaminów zimowych są dostępne na stronie internetowej wydziału. – Winter exams results are available on the website of our institute.

Ten wykład jest nieobowiązkowy. – This lecture is non-mandatory.

Przepraszam, o której rozpoczyna się ostatni wykład? – Excuse me, what time does the last lecture start?

Ostati wykład zaczyna się o 17:00. – The last lecture starts at 5:00 PM.

Dzień dobry, chciałbym / chciałabym wypożyczyć książkę. – Hello, I would like to borrow a book.

Jaka książka Pana / Panią interesuje? – What book are you looking for?

Szukam … – I am looking for …

Proszę chwilkę poczekać. – Wait a moment, please.

Czy to jest książka, której Pan / Pani szuka? – Is that the book you are looking for?

Tak, to dokładnie ta. – Yes, exactly.

Czy mogę zobaczyć Pana / Pani legitymację studencką? – May I see your student ID card?

Oczywiście, proszę. – Of course, here you are.

Dzień dobry, chciałbym / chciałabym wziąć udział w wymianie studenckiej. – Hello, I would like to take part in a student exchange program.

Jaki kraj chciałby Pan / chciałaby Pan odwiedzić? – What country would you like to visit?

Jestem zainteresowany / zainteresowana studiowaniem w Polsce. – I am interested in studying in Poland.

Świetny wybór! Może Pan / Pani skorzystać z naszego nowego programu trwającego pół roku. – Great choice! You can take part in our new program that is a half year long.

Jakie uczelnie w Polsce mogę wybrać? – Which Polish universities can I choose?

Czy w Polsce będę musiał / musiała zdawać egzaminy? – Do I have to take all the exams in Poland?

Tak, wszystkie egzaminy będzie musiał Pan / musiała Pani napisać w Polsce. – Yes, you will have to take all the exams in Poland.

Czy mogą wziąć udział w programie na ostatnim roku studiów? – Can I take part in the exchange program on the last year of my studies?

Niestety, nie może Pan / Pani wziąć udziału w wymianie na ostatnim roku. – I'm sorry, you can't take part in the exchange on the last year.

Dlaczego? – Why?

Ponieważ musi Pan / Pani przeprowadzić badanie i napisać pracę tutaj. – Because you have to conduct the study and write your thesis here.

Professions and Jobs

Professions:

Zawód – profession

Lekarz – doctor

Nauczyciel – teacher

Biznesmen – businessman

Bizneswoman – businesswoman

Prawnik – lawyer

Pielęgniarka – nurse

Sprzedawca – shop assistant

Księgowy / księgowa – accountant

Strażak – firefighter

Żołnież – soldier

Policjant – policeman

Policjantka – policewoman

Szef kuchni – chef

Kucharz – cook

Kelner – waiter

Kelnerka – waitress

Pilot – pilot

Naukowiec – scientist

Listonosz – postman

Tłumacz – translator

Mechanik – mechanic

Hydraulik – plumber

Malarz – painter

Aktor – actor

Aktorka – actress

Kierowca – driver

Sprzątacz / sprzątaczka – cleaner

Dentysta – dentist

Rolnik – farmer

Inżynier – engineer

Kierownik / menedżer – manager

Fotograf – photographer

Muzyk – musician

Sekretarz / sekretarka – secretary

Kierowca taksówki – taxi driver

Pisarz – writer

Opiekun / opiekunka – babysitter

Piekarz – baker

Fryzjer – hairdresser

Filmowiec – filmmaker

Dziennikarz – journalist

Ksiądz – priest

Weterynarz – vet

Psycholog – psychologist

Badacz – researcher

At a Workplace:

Miejsce pracy – workplace

Biuro – office

Praca – job

Fabryka – factory

Firma – company

Siedziba firmy – headquarters

Korporacja – corporation

Pracownik – employee

Pracodawca – employer

Szef / szefowa – boss

Koledzy z pracy – colleagues / co-workers

Praca zdalna – remote working

Pracownik fizyczny – blue-collar worker

Pracować – work

Wypłata – salary

Zarobki – earnings / wages

Brutto – gross

Netto – post-tax

Podatek – tax

Awans – promotion

Dostać awans – to get a promotion

Dostać pracę – to get a job

Być zwolnionym – to be dismissed

Być zwolnionym natychmiastowo – to be fired

Zredukować personel – to make people redundant

Podwyżka – pay rise

Dostać podwyżkę – to get a pay rise

Praca na cały etat – full-time job

Praca na pół etatu – part-time job

Praca dodatkowa – side job

Praca zmianowa – shift job

Nocna zmiana / nocka – night shift

Rozmowa o pracę – job interview

Umowa o pracę – job agreement

Życiorys (CV) – curriculum vitae (CV)

Podanie o pracę – job application form

Stanowisko – position

Kwalifikacje – qualifications

Wymagania – requirements

Umiejętności – skills

Wykształcenie – education

Doświadczenie zawodowe – job experience

Dział kadr – personnel department / HR

Dział obsługi klienta – customer service department

Dział wsparcia technicznego – help desk

Wyjazd służbowy – business trip

Notatka służbowa – memo

Spotkanie – meeting

Urlop – leave

Urlop macierzyński – maternity leave

Urlop zdrowotny – sick leave

Urlop bezpłatny – unpaid leave

Płatny urlop wypoczynkowy – paid vacation leave

Przepraszam, gdzie jest dział kadr? – Excuse me, where is the personnel department?

Proszę przesłać CV oraz podanie o pracę. – Please, send your CV and a job application form.

Pracuję na pół etatu. – I have a part-time job.

Gdzie pracujesz? – Where do you work?

Pracuję w dużej firmie. – I work in a big company.

Co robisz zawodowo? – What do you do professionally?

Jestem prawnikiem. – I am a lawyer.

Jestem nauczycielem / nauczycielką. Pracuję w szkole średniej. – I am a teacher. I work at a high school.

Gdzie znajduje się firma w której pracujesz? – Where is the company you work at located?

Firma znajduje się w Warszawie. – The company headquarters is located in Warsaw.

Pracuję w systemie zmianowym. – I have a shift job.

O której godzinie kończysz pracę? – What time do you finish your work?

Dziś kończę o 17:00. – Today I'm finishing at 5:00 PM.

Dziś idę na nockę. – Today I'm working a night shift.

Jakie wykształcenie Pan / Pani posiada? – What educational background do you have?

Ukończyłem / ukończyłam uniwersytet. – I graduated / graduated university.

Jakie umiejętności Pan / Pani posiada? – What skills do you have?

Czy posiada Pan / Pani prawo jazdy? – Do you have a driving license?

Tak, posiadam prawo jazdy. – Yes, I have a driving license.

Jakie jest Pana / Pani doświadczenie zawodowe? – What is your job experience?

Pracowałem dla firmy … od 2011 roku. – I worked for the company… since 2011.

Prosimy skontaktować się z naszym działem wsparcia technicznego. – Please, contact our help desk.

Proszę przesłać podanie o pracę do działu kadr. – Please, send your application form to the personnel department.

Dostałem / dostałam awans! – I got a promotion.

Czy mogę wziąć dzień wolnego? – Can I take a day off?

Jestem chory / chora. Jutro nie mogę przyjść do pracy. – I am sick. I can't go to work tomorrow.

Expressing Opinion

Lubić – like

Bardzo – very

Dobry– good

Zły– bad

Piękny – beautiful

Okropny – terrible

Obrzydliwy – horrible

Fantastyczny – awesome

Świetny – great

Fajny – fun / cool / super (informal)

Być zainteresowanym – to be interested in something

Bardzo lubić coś – to be keen on something

Szaleć na punkcie czegoś – to be crazy about something

Nie lubić – dislike

Nienawidzić – hate

Podobać się / lubić – to enjoy

Nie móc czegoś znieść – cannot stand something

Mieć mieszane uczucia – to have mixed feelings

Mieć czegoś dość – to be sick of something

Uwielbiać coś – to love something

Woleć / preferować – to prefer

Moim zdaniem… – In my opinion…

Myślę że / Uważam że… – I think that…

Powiedziałbym / Powiedziałabym że… – I would say that…

Według mnie… – To my mind

Uważam kogoś za … – I consider somebody to be

Jestem przekonany / przekonana że… – I'm convinced that…

Dobry pomysł – a good idea

Zły pomysł – a bad idea

Wolałbym / wolałabym – I would rather

Wolelibyśmy – we would rather

Asking for Opinion

Co myślisz o…? – What do you think about…?

Lubisz..? – Do you like…?

Co sądzisz o…? – What do you think about…?

Czy lubi Pan / czy lubi Pani …? – Do you like…? (formal)

Czy lubią Państwo..? – Do you like…? (formal plural)

Co Pan sądzi o… / Co Pani sądzi o…? – What do you think about…? (formal)

Co Państwo sądzą o…/ Co Państwo myślą o..? – What do you think about…? (formal plural)

Co o tym myślisz? – What do you think about that?

Myślę że to bardzo dobry pomysł. – I think it's a very good idea.

Lubisz owoce? – Do you like fruit?

Oczywiście, kocham owoce! – Of course, I love fruit!

Lubisz pierogi? – Do you like pierogi?

Tak, pierogi są smaczne. – Yes, pierogi are really tasty.

Lubisz czarną kawę? – Do you like black coffee?

Nienawidzę czarnej kawy. – I hate black coffee.

Mam dosyć jego gadania. – I am sick of his talking.

Podobał ci się film? – Did you enjoy the film?

Nie wiem. Mam mieszane uczucia. – I don't know. I have mixed feelings.

Bardzo lubię piłkę nożną. – I am really keen on football.

Co Pan sądzi o nowym komputerze w pańskim biurze? – What do you think of the new computer in your office?

Moim zdaniem jest całkiem dobry. – It is very good, in my opinion.

Szaleję na punkcie muzyki rockowej! – I am crazy about rock music!

Nie mogę znieść tej okropnej pogody. – I cannot stand this terrible weather.

Co myślisz o mojej nowej sukience? – What do you think of my new dress?

Jest piękna! Wyglądasz w niej bardzo bobrze. – It's beautiful! You look really pretty in it.

Jestem przekonany / przekonana, że on się spóźni. – I am convinced that he will be late.

Co Państwo sądzą o tym projekcie? – What do you think about the project?

Lubisz jeździć na rowerze? – Do you like riding a bike?

Wolę bieganie niż jazdę na rowerze. – I prefer jogging to riding a bike.

Podobają ci się moje nowe trampki? – Do you like my new sneakers?

Wow, wyglądają fantastycznie! – Wow, they look awesome.

Wolałbym pójść na spacer. – I would rather go for a walk.

Uważam go za świetnego pracownika. – I consider him to be a very good employee.

Family and Relationships

Family Members

Członkowie rodziny – family members

Rodzina – family

Bliska rodzina – nuclear family

Rodzice – parents

Rodzeństwo – siblings

Dzieci – children

Syn – son

Córka – daughter

Matka – mother (mama – mom)

Ojciec – father (tata – dad)

Ojczym – stepfather

Macocha – stepmother

Brat – brother

Brat przyrodni – stepbrother

Siostra – sister

Siostra przybrana – stepsister

Dziadkowie – grandparents

Babcia – grandmother / grandma

Dziadek – granddad / grandpa

Wnuk – grandson

Wnuczka – granddaughter

Ciocia – aunt

Wujek– uncle

Bratanek / siostrzeniec – nephew

Bratanica / siostrzenica – niece

Kuzyn / kuzynka – cousin

Teść – father-in-law

Teściowa – mother-in-law

Szwagier – brother-in-law

Szwagierka – sister-in-law

Relationships

Pokrewieństwo / relacja – relationship

W związku – in a relationship

Wyśjć za kogoś – to marry somebody

Żonaty (masculine) – zamężna (feminine) – married

Wziąć ślub – to get married

Ślub – wedding

Małżonkowie / małżeństwo – married couple

Mąż – husband

Żona – wife

Pan młody – groom

Panna młoda – bride

Państwo młodzi – bridal couple

Zaręczyć się – to get engaged

Oświadczyć się komuś – to propose to somebody

Zaręczyny – engagement

Pierścionek zaręczynowy – engagement ring

Narzeczony – fiancé

Narzeczona – fiancée

Chłopak – boyfriend

Dziewczyna – girlfriend

Chodzić z kimś – to go out with somebody

Randka – date

Randkować – to date

Zerwać z kimś – to break up with somebody

Rozwieść się – to get divorced / to get a divorce

Rozwiedziony / rozwiedziona – divorced

W stanie wolnym / singiel (m.) / singielka (f.) – single

Bezdzietny / bezdzietna – childless

Mieć dzieci – to have children

W ciąży – pregnant

Być w ciąży – to be pregnant

Cześć, to jest mój nowy chłopak, Tomek. – Hi, this is my new boyfriend, Tomek.

Jesteś żonaty / zamężna? – Are you married?

Nie, jestem wolny / wolna. – No, I am single.

Tak, wzięłam ślub / wziąłem ślub rok temu. – Yes, I got married last year.

Masz dzieci? – Do you have children?

Mam syna i córkę. – I have a son and a daughter.

Jak ma na imię twój brat? – What is your brother's name?

Mój brat ma na imię Karol. – My brother's name is Karol.

Ile lat mają twoi rodzice? – How old are your parents?

Moja mama ma 35 lat, a mój tata 37 lat. – My mom is 35, and my dad is 37.

Jesteś zaręczony / zaręczona? – Are you engaged?

Tak. Oświadczyłem się mojej dziewczynie dwa tygodnie temu. – Yes. I proposed to my girlfriend two weeks ago.

Tak. Mój chłopak oświadczył mi się dwa tygodnie temu. – Yes. My boyfriend proposed to me two weeks ago.

Masz chłopaka? – Do you have a boyfriend?

Nie, jestem wolna. – No, I am single.

Masz dziewczynę? – Do you have a girlfriend?

Tak, właśnie rozmawia przez telefon. – Yes, she is on the phone at the moment.

Wyjdziesz za mnie? – Will you marry me?

To jest mój syn Marcin. – This is my son Marcin.

Miło mi cię poznać. – Nice to meet you.

Gdzie mieszkają twoi rodzice? – Where do your parents live?

Moi rodzice mieszkają w Polsce, ale ja mieszkam w Niemczech. – My parents live in Poland, but I live in Germany.

Kiedy wyprowadziłeś / wyprowadziłaś się z domu? – When did you move out of your parents' house?

Wyprowadziłem / wyprowadziłam się od rodziców dwa lata temu. – I moved out of my parents' house two years ago.

At Home

Salon / pokój dzienny – living room

Kuchnia – kitchen

Łazienka – bathroom

Sypialnia – bedroom

Strych – attic

Garaż – garage

Dach – roof

Łazienka dla gości – guest bathroom

Ogród – garden

Jadalnia – dining room

Appliances:

Pralka – washing machine

Zmywarka – dishwasher

Mikrofalówka – microwave

Piekarnik – oven

Zlew – sink

Suszarka – hairdryer

Telewizor – TV

Żelazko – iron

Robot kuchenny – food processor

Odkurzacz – vacuum cleaner

Mop – mop

Sokowirówka – juicer

Mikser / blender – blender

Lodówka – fridge

Zamrażarka – freezer

Ładowarka do telefonu – phone charger

In the Kitchen:

Garnek – pot

Patelnia – frying pan

Talerz – plate

Szklanka – glass

Widelec – fork

Nóż – knife

Łyżka – spoon

Łyżeczka – teaspoon

Lada kuchenna – kitchen counter

Kran – tap

Ekspres do kawy – coffee machine

Szafka kuchenna – cupboard

Miska – bowl

Kubek – mug

Filiżanka – tea cup / coffee cup

Made in the USA
Monee, IL
10 February 2022

91063731R00106